Ludwig Koneberg
Silke Gramer-Rottler

DIE SIEBEN SICHERHEITEN, DIE KINDER BRAUCHEN

Ludwig Koneberg
Silke Gramer-Rottler

DIE SIEBEN SICHERHEITEN, DIE KINDER BRAUCHEN

BLOCKADEN LÖSEN MIT DER EVOLUTIONSPÄDAGOGIK®

KÖSEL

FSC www.fsc.org MIX Papier | Fördert gute Waldnutzung FSC® C014496

Penguin Random House Verlagsgruppe FSC® N001967

14. Auflage 2025

Neumarkter Str. 28, 81673 München
produktsicherheit@penguinrandomhouse.de
(Vorstehende Angaben sind zugleich Pflichtinformationen nach GPSR)

Umschlag: Elisabeth Petersen, München
Umschlagmotiv: IFA / IPP
Illustrationen: Monica May, München
Druck und Bindung: GGP Media GmbH, Pößneck
Printed in Germany
ISBN 978-3-466-30727-2

www.koesel.de

INHALT

Kapitel 1

Kapitel 2

Kapitel 3

Kapitel 6

DIE SPRACHSICHERHEIT

Kapitel 7

DIE KOOPERATIONS- UND KOMMUNIKATIONSSICHERHEIT

Schlusswort

DAS ERFAHRUNGSLERNEN

EINLEITUNG

Pädagogik – eine Erfahrungswissenschaft

Das Ergebnis der Pisa-Studie hat in Deutschland blankes Entsetzen hervorgerufen. Kann es sein, dass deutsche Schüler so schlecht abschneiden? Ja, es kann sein, doch es darf nicht sein. Politiker, Pädagogen, Therapeuten wurden sofort beauftragt, diesen Missstand zu beheben – in dieses pädagogische Reformprojekt wurde viel Energie investiert, aber dann zeigte sich: »Auf keinem anderen

Wissensgebiet ist in den vergangenen Jahrzehnten weniger geforscht worden« als auf dem der Pädagogik, so Andreas Schleicher, der Pisa-Beauftragte. Höchste Zeit, dass etwas in Gang gebracht wird!

Man sah sich wieder vor die Frage gestellt: Was ist die Aufgabe der Pädagogik? Was vermag sie zu bewirken? Was zu verändern? – Fragen, die sich nicht ausschließlich an Pädagogikprofessoren richten, denn wie der Neurologe Gerhard Roth zu Recht meint: »Vieles, was Pädagogikprofessoren behaupten, hat weder mit Wissenschaft noch mit Schulpraxis zu tun.« Es sind Fragen, die uns alle betreffen und auf die wir alle herausgefordert sind, eine Antwort zu finden.

Dass die äußeren Reformen der Pisa-Sonderbeauftragten wie z.B. mehr Gelder, mehr Lehrer, bessere und teurere Bücher nichts zum Besseren wendeten, zeigten die Studien der OECD (Organisation für wirtschaftliche Zusammenarbeit) – die Qualität der Bildung änderte sich nicht. Und noch immer ist der Status quo der, dass unser Bildungssystem Jahr für Jahr 250.000 »Sitzenbleiber« produziert, und Kindern und Jugendlichen wird vermittelt: »Du bist nicht ok!« oder: »Für dich und deine Talente ist in der Gesellschaft keine Verwendung da!« Man braucht sich also nicht zu wundern, dass 10 bis 15 Prozent der Schüler innerlich schon »kündigen«. In manchen Anfangsschulklassen können bis zu 40 Prozent der Kinder dem Unterrichtsangebot nicht folgen. Die Schule wird auf diese Weise für sie zu einer Zwangsveranstaltung. – Wie können die Schüler, die sich in einer solch negativen Stimmungslage befinden, überhaupt noch motiviert werden?

»Nicht das, was gesagt wird, ist wichtig, sondern das, was ankommt« – diesen alten Grundsatz der Pädagogik müssten wir uns wieder vor Augen halten und uns die ureigene elementare Aufgabe der Pädagogik vergegenwärtigen. Die Pädagogik ist dazu da, Menschen zu bilden und zu fördern. Was wir also brauchen sind nicht nur äußere Maßnahmen wie z.B. mehr Gelder oder mehr Lehrer, sondern eine Änderung unserer Sichtweise. Wir brauchen eine innere Reform: Statt dauernd von außen zu *bewerten* und zu *beurteilen*, müssen wir wieder lernen zu *beobachten* – auf diese Weise können wir die Qualität von Erziehung und Lernen nachhaltig verändern. Doch in einem Bildungssystem, das auf einem eher demotivierenden Prinzip beruht, wo demnach mehr auf Benotung und Bewertung als auf Lob und Erfolg gesetzt wird, stellt sich dieser Wandel der Einstellung als Kraftakt dar. Er ist keine bequeme Lösung, weil nicht nur der einen Seite, den Schülern, der schwarze Peter zugeschoben werden kann, sondern auch die Pädagogen zur Verantwortung gezogen werden müssen: auf dass sie Schüler nicht mehr zur Mittelmäßigkeit erziehen, sondern sie fördern und gut auf den Weg ins Leben bringen.

Selbstverständlich ist es bequemer, den über 10 Millionen Kindern weltweit, bei denen das Aufmerksamkeitsdefizitsyndrom (ADHS) – so der Fachbegriff für den legendären »Zappelphilipp« – diagnostiziert wurde, Medikamente zu verabreichen: äußere Mittel, um Kinder ruhig und konzentriert zu »machen«. Dabei wird jedoch den Langzeitschäden, die dadurch verursacht werden können, nicht Rechnung getragen. Die Erwachsenen können sich zwar ruhigen Gewissens zurücklehnen – sie haben in dieser »Sache« etwas unternommen, man kann ihnen nichts mehr vorwerfen –, doch bleibt die tatsächliche Ursache unaufgedeckt und unbearbeitet.

Gegen kindliche Verhaltensauffälligkeiten, Lernschwierigkeiten und Schulprobleme helfen keine Pillen. Sie sind Botschaften an uns. Kinder teilen uns etwas mit und es liegt an uns, ihre Sprache verstehen zu lernen. Statt kindliches Verhalten zu bewerten und abzuwerten, gilt es, zu beobachten und anzuleiten. Und das ist mit Hilfe des neuen Weges, den wir in diesem Buch vorstellen, möglich. Wir nennen ihn *Evolutionspädagogik*.

Pädagogik ist für uns eine Erfahrungswissenschaft und beruht nicht auf irgendwelchen ungeprüften und vagen psychologischen Erklärungsmodellen, sondern auf den neuesten Erkenntnissen der Neurologie, der Gehirnforschung und Evolutionstheorie, aus denen sie ihre Schlüsse zieht.

Die sieben Sicherheiten, die Kinder brauchen bietet Eltern und Pädagogen die Möglichkeit, das Verhalten und die »Sprache« von Kindern grundsätzlicher und tiefer zu begreifen.

Dadurch wird es möglich zu entdecken:

- wie Kinder wahrnehmen,
- wie Kinder Informationen verarbeiten,
- warum sie spezielle Schlüsse ziehen,
- wie wir sie ansprechen und erreichen können,

- welche Informationen sie uns durch ihr Verhalten übermitteln wollen,
- wie Kinder lernen,
- was hinter »Verhaltensauffälligkeiten« tatsächlich steckt und wie man helfen kann, sie zu beheben,
- wie wir Neugierde, Interesse, Lernfreude und Lernkompetenz bei Kindern wecken können,
- wie Talente erkannt und gefördert werden.

Was ist Evolutionspädagogik?

Seit einigen Jahren wird die Evolutionspädagogik[1] in der Praktischen Pädagogik erprobt und erfolgreich angewandt. In der Praktischen Pädagogik fragen und schauen wir, wie Kinder die Welt wahrnehmen. Lernen wird vor allem als Erfahrungslernen verstanden: Die Welt erschließt sich durch Bewegung und konkretes körperliches Tun. Die langjährige Erfahrung aus der Einzelberatungspraxis mit Kindern und Jugendlichen, die häufig von herkömmlichen Maßnahmen, Therapien und Institutionen bereits aufgegeben wurden, waren der Motor für die Entwicklung der Evolutionspädagogik. Ihre Erfolge verdankt sie vor allem der Gehirnforschung, die in den letzten Jahren große Fortschritte gemacht hat und über die Funktionsweise unseres Gehirns präzise Auskünfte geben kann. Diese neuesten Erkenntnisse verbindet die Evolutionspädagogik mit der allbekannten, von Charles Darwin (1809–1882) wissenschaftlich fundierten Evolutionstheorie. In unserem Evolutionsmodell wenden wir das an, was in der Natur schon seit ewigen Zeiten existiert. Doch wird unter Evolution nicht lediglich die stammesgeschichtliche Entwicklung der Lebewesen verstanden. In der Evolutionspädagogik wird diese biologische Perspektive um eine kulturelle erweitert, indem auf folgende Frage geantwortet wird: Was bedeutet Evolution für die Entwicklung des einzelnen Menschen und seines Gehirns?

Es wird davon ausgegangen, dass jeder einzelne Mensch vom Augenblick seiner Zeugung über die Zeit von Schwangerschaft und Geburt bis hin zum dritten, vierten Lebensjahr organisch und motorisch die einzelnen Entwicklungsstufen der Evolution durchläuft. Gemeint sind die Bewegungs- und Reaktionsmuster, die Art der Wahrnehmung und der Verhaltensweisen von der Entwicklungsstufe des Fisches, der Amphibie, des Reptils, des Säugetiers bis hin zum Affen, Urmenschen und dem heutigen Menschen. Diese sieben Entwicklungsstufen werden in der Evolutionspädagogik modellhaft übernommen, um so ihre Bedeutung herausstellen zu können. Diese sieben Stufen greifen ineinander über und stehen miteinander in Wechselwirkung. Jede Entwicklungsstufe entspricht einer bestimmten Erlebniswelt und erfordert bestimmte Fähigkeiten.

Dieses Evolutionsstufenmodell, das uns die Geschichte der Menschheit nahe legt, stellt uns eine geniale Methode zur Verfügung, um auf Probleme direkt einzuwirken, Verhaltensmuster und Defizite aufzudecken sowie Talente und Fähigkeiten zu erkennen und zu fördern.

Im Mittelpunkt steht die Frage: Aus welcher Gehirnentwicklungsstufe heraus (mit welchen Wahrnehmungen und Fähigkeiten) agiert und reagiert der Mensch gerade? Was kann diese Entwicklungsstufe leisten, was kann sie nicht?

Es ist unsinnig von einem »Fisch« eine sprachliche Antwort zu erwarten. Die Entwicklungsstufe des Fisches hat ihre Fähigkeiten auf anderen Gebieten – der Fisch hat z.B. Vertrauen in die Welt und er muss nichts tun, um zu beweisen, dass er existiert. Doch oft steht in den Schulheften oder Zeugnissen eines Schülers: »Max beteiligt sich nicht am Unterricht« – er ist also stumm wie ein Fisch, und es wird nicht berücksichtigt, was Max auf der Entwicklungsstufe des Fisches tatsächlich kann: nämlich einfach da zu sein.

Jede Stufe hat ihre eigene »Sprache«, ihre eigenen Fähigkeiten und Möglichkeiten. Eine intellektuelle Herangehensweise ist das typische Merkmal der siebten, letzten Stufe. Daher unser Appell: Betrachten Sie andere Menschen, egal ob Kinder oder Erwachsene, nicht ausschließlich aus einer analytischen, erwachsenen Ebene. Wenn Sie die speziellen Sicht- und Verhaltensweisen der einzelnen Stufen beachten (und wir werden im Folgenden ausführlich auf die Stufen und ihre Merkmale eingehen), werden Sie Ihr Gegenüber auf eine ganz neue Weise verstehen lernen.

Durch diese neue Sichtweise, indem Ausdruck, Verhalten und Defizite von Kindern und Erwachsenen beobachtet werden, erschließt man sich die Möglichkeit, sie wirklich zu verstehen. Gezielte Förderung ist nur über dieses Verstehen möglich.

In der Evolutionspädagogik fragen wir:

- Auf welcher Evolutionsstufe befindet sich das Kind im Augenblick, bei speziellen Aktivitäten, in bestimmten Situationen?
- Was sind die Folgen dieser Stufe?
- Wie müssen wir uns verständigen?
- Was können wir erwarten?
- Was müssen wir fördern und trainieren?
- Welche Bewegungsabläufe oder Aktionen fördern diese Fähigkeiten?

Die sieben Stufen der evolutionären Entwicklung

Die Neurologie hat nachgewiesen, dass Intelligenz und Lernen immer mit der Bewegungsfähigkeit des Menschen zusammenhängen. Durch Bewegung bildet sich das gesamte Netzwerk im Gehirn. Intelligenz ist somit ein Zusammenspiel von Bewegung und Erfahrung. Deshalb ist es ganz logisch, dass die unterschiedlichen Bewegungsabläufe, die das Kind entwickelt, Folgen der Evolutionsstruktur unseres Gehirns sind.

Kindliche Bewegungsmuster entsprechen den Stufen der Gehirnentwicklung.

In der Entwicklung vom Zeitpunkt der Zeugung bis zum dritten, vierten Lebensjahr werden die Evolutionsstufen über die Bewegung und die fortschreitende Entwicklung des Gehirns vollzogen. Das heißt: Die Entwicklung vom Embryo zum Baby bis hin zum Kleinkind entspricht in ihren typischen Bewegungs- und Verhaltensmustern (Rollen, Robben, Krabbeln, Vierfüßlergang bis hin zum vollständigen Aufrichten und der Sprachentwicklung) den aufeinander aufbauenden sieben Entwicklungsstufen in der Evolution.

Lernen ist also ein langsames Sichaufrichten – es wird durch Bewegung und Erfahrung angetrieben. Modellhaft verwenden wir in der Evolutionspädagogik sieben Bewegungsmuster, die jeder Mensch in seiner Entwicklung durchläuft.

Sie entsprechen der evolutionären Entwicklung von Fisch über Amphibie, Reptil, Säugetier, Affe, Urmensch bis hin zum heutigen Menschen. Zu jeder dieser Gehirnentwicklungsstufen gehört das entsprechende Bewegungs-, Wahrnehmungs- und Verhaltensmuster.

Wenn der sich entwickelnde Mensch nicht jeden dieser evolutionären Bewegungsvorgänge durchlebt und aus welchen Gründen auch immer nicht die Möglichkeit hat, diese Bewegungsmuster ausreichend auszuprobieren und zu integrieren, hat das weitreichende Konsequenzen für seine intellektuelle, emotionale und soziale Entwicklung. Defizite in der Koordination, im Verhalten und im Denken sind die Folge.

Wird eine Stufe nicht genügend erfahren und durchlebt, wirkt sich das auf die anderen Stufen des Gehirns aus.

Denn ist eine untere Stufe nicht ganz integriert, können sich auch die folgenden Stufen nur schwer ausbilden oder bleiben lückenhaft. Es ist wie mit den Stockwerken eines Hauses: Ein instabiler Keller trägt nur eine leichte Konstruktion in den oberen Stockwerken. Ein Kind kann z.B. durchaus das Krabbeln erlernen (Stufe des Säugetiers), obwohl die darunter liegende Stufe des Reptils nicht ausreichend integriert ist. Krabbeln bedeutet, dass Gefühle Auslöser für Bewegung sind: Das Kind hat den Wunsch, auf ein Ziel hinzukrabbeln. Die nicht zur Verfügung stehende Reptilienfähigkeit bedeutet aber, dass das Reaktionsverhalten beeinträchtigt ist. Auf der Stufe des Reptils besteht die Aufgabe für das Kind darin zu lernen: »Wann muss ich abwarten, wann muss ich loslegen?«

Wichtig jedoch, und das ist die gute Nachricht: Die Bewegungsmuster und emotionalen Kompetenzen, die zu den Gehirnentwicklungsstufen gehören, können mit einfachen Übungen zu einem späteren Zeitpunkt trainiert und integriert werden. Dadurch festigen sich die Stufen. Lernschwierigkeiten und Defizite können sich auflösen, Talente können sich zeigen, es entsteht ein Gleichgewicht.

Verhaltensblockaden und Defizite können aufgelöst und die fehlenden Lernerfahrungen nachgeholt werden.

Die Ausreifung jeder einzelnen Evolutionsstufe ist die Voraussetzung für eine optimale Entwicklung des Gehirns und der Motorik. Als Mensch zu reifen heißt Fähigkeiten zu entwickeln, um geistigen, emotionalen, motorischen Anforderungen gewachsen zu sein und ihnen positiv zu begegnen. In der Evolutionspädagogik werden durch die verschiedenen Übungen, Erkenntnisse und Herangehensweisen Bedingungen geschaffen, die es ermöglichen, diese unterschiedlichen Fähigkeiten gleichzeitig und gleichmäßig nutzbar zu machen.

Vom Urvertrauen zum Selbstvertrauen: die Beschreibung der Stufen

Mit Hilfe des Evolutionsmodells kann sichtbar gemacht werden, wie menschliche Erfahrungen und Verhaltensweisen zu verstehen und worauf sie zurückführbar sind.

Beobachten wir Kinder vor dem Hintergrund der sieben Stufen, dann können wir erkennen:

- ob das Verhalten, das von einem erwachsenen Standpunkt aus vielleicht auffällig oder störend erscheint, in Wirklichkeit einen ganz natürlichen, angemessenen und wünschenswerten Schritt auf der Entwicklungsleiter bedeutet,
- oder ob das Kind auf einer Stufe blockiert ist und ihm deshalb kein anderes Verhaltensmuster zur Verfügung steht.

Die Evolutionsübungen, auch Evo-Übungen genannt, können dann helfen, diese Blockade zu lösen. Dazu später mehr. Wir wollen nun erst einmal die sieben Stufen einzeln vorstellen.

Die Stufe des Fisches: die Ursicherheit

Von Wellen getragen werden

Erfahrungen im Mutterleib schaffen Prädispositionen (Vorbestimmungen), aber sie legen das Leben nicht fest. Auch die ersten Lebensmonate und das ganze erste Jahr eines Kindes sind von grundlegender Bedeutung. Keine Erfahrung wird vergessen – was aus vorgeburtlichen Zeiten und den frühkindlichen Entwicklungsphasen nicht bewusst erinnert werden kann, daran erinnert sich der Körper. Die Erfahrung dieser Stufe ist, von den Wellen getragen zu werden.

Bei der Geburt ist das Gehirnstadium des Fisches dominant und erklärt die frühen Rollbewegungen des Säuglings. Diese Bewegungen aktivieren das Wachstum jenes Gehirnzentrums, aus dem dann der amphibische und reptilienhafte Teil der Entwicklung hervorgeht.

Die Stufe der Amphibie: die Erlebnissicherheit

Neugier und Entdeckungsfreude

Hier steht die Neugier im Mittelpunkt. In dieser Phase entdeckt das Kind seine Welt aus der Bauchlage heraus.

Es nimmt seine Umgebung über das Sehen wahr, fixiert Gegenstände und bewegt sich neugierig darauf zu. Der Impuls, Neues zu erfahren und kennen zu lernen, wird geweckt.

Diese Stufe hat Einfluss auf die spätere visuelle Wahrnehmung sowie auf Motivation und Begeisterungsfähigkeit. Ist diese Stufe blockiert, reagiert das Kind mit »Schüchternheit«. Eine solche Blockade kann die Tendenz hervorrufen, sich im Leben versteckt zu halten, oder sie kann Gefühle von Hilflosigkeit und Schutzlosigkeit erzeugen. Aber auch das Gegenteil ist möglich, nämlich eine Neugier, die jede Vorsicht vermissen lässt.

Die Stufe des Reptils: die Körpersicherheit
Aggression und abwarten können

Das Reptiliengehirn (Kleinhirn) ist instinktgesteuert. Es agiert und reagiert seinen Bedürfnissen entsprechend. Aggressives Verhalten gehört für das Reptil zum Überleben. Fühlt sich ein Reptil bedroht, reagiert es mit Aggression oder Starrheit.

Beim Menschen zeigt sich das Reptiliengehirn oft durch aggressives und hyperaktives Verhalten oder es verfällt in eine Verlangsamung, wodurch die Fähigkeit zu reagieren gehemmt ist. Die Aufgabe des Reptiliengehirns ist jedoch, rechtzeitig reagieren zu lernen und seine Kraft und Energie richtig einzubringen.

Die Stufe des Säugetiers: die Gefühlssicherheit

Bewusste Emotionen, Nähe- und Distanzverhalten

Auf dieser Stufe werden Emotionen bewusst. Handlungen werden emotional bewertet. Positive und negative Erfahrungen bestimmen das Verhalten. Sie steuern Nähe und Distanz zu den Mitmenschen und sind verantwortlich für die Art und Weise des Reagierens und Agierens. Hier geht es um das richtige Einschätzen von Situationen, die durch Gefühle bewusst gesteuert werden. Dabei kann man sich als Handelnder oder Betroffener erleben. Eine blockierte Stufe zeigt sich darin, dass nur eine dieser beiden Sichtweisen zur Verfügung steht.

Die Stufe des Affen: die Gruppensicherheit

Gleichgewichtssinn und psychische Stabilität

Über die zunehmend komplexer werdenden Bewegungsmuster auf der Affenstufe stellen sich im Gehirn weitere Effekte ein, die den Übergang zur Wahrnehmung im dreidimensionalen Raum ermöglichen. Gute Leistungen in Sportarten wie z.B. Aerobic oder Volleyball lassen sich nur mit den Fähigkeiten dieser Stufe erzielen. Ihre Qualitäten sind Gleichgewichtssinn und Koordinationsvermögen. Über Kletterseilanlagen (Spielplätze) können sie spielerisch trainiert werden. Körperliche Unbeholfenheit kann so abgelegt werden, die Fähigkeit, Freundschaften zu schließen und Sozialkontakte zu pflegen, wird gelegt.

Wichtig: Eine integrierte Affenstufe ist die Bedingung für die Sprachentwicklung und hat für den Menschen zudem positive Auswirkungen auf das Erinnerungsvermögen sowie für die Neuaufnahme von Informationen.

Individualität und Gruppenbewusstsein reifen auf dieser Stufe. Die Fähigkeiten, gezielt vorgehen zu können sowie den Überblick für bestimmte Situationen zu haben, entwickeln sich.

Die Stufe des Urmenschen: die Sprachsicherheit

Kommunikationsfähigkeit und Feinmotorik

Auf dieser Stufe wird die Kommunikationsfähigkeit ausgebildet. Die Entwicklung des sprachlichen Ausdrucks und der Feinmotorik haben dabei einen bedeutenden Stellenwert. Sprache wird Mittel zum Zweck und fördert den Selbstwert: Über die Sprache bilden sich Kontakte, Beziehungen werden aufgebaut. Über die Entwicklung der Feinmotorik entstehen Fähigkeiten, die gezielt zum Einsatz gebracht werden können, z.B. kann sich hier der geschickte Umgang mit Werkzeugen entwickeln.

Auch das Geschlechterbewusstsein bildet sich auf dieser Stufe aus. Dabei ist es wesentlich, die eigene Identität in der Geschlechterrolle zu finden, um männliche und weibliche Verhaltensweisen zu entwickeln und unterscheiden zu lernen.

Wichtig: Ist diese sechste Gehirnentwicklungsstufe nicht ausgereift, macht sich dies vor allem durch Defizite im sprachlichen Bereich bemerkbar (z.B. mangelnde Ausdrucksfähigkeit, Schwierigkeiten, Beziehungen aufzubauen oder Konflikte verbal zu lösen).

Unsensibles Verhalten oder Einsatz von körperlicher Kraft sind oft Versuche des Kindes, Konflikte zu lösen, an denen es verbal scheitert. Kraft darf nicht vermieden werden, sie muss in Sprache umgesetzt werden.

Die Stufe des modernen Menschen: die Kommunikations- und Kooperationssicherheit

Kooperationsbereitschaft

Die Stufe des Menschen verkörpert die optimale Nutzung von Verstand und Gefühl unter Einbindung der gesamten Persönlichkeit: Zeugnis eines ausgereiften Ich-Bewusstseins. Dies wäre der Idealzustand. Doch ist der moderne Mensch stark vom Verstand gesteuert, so dass sein Einfühlungsvermögen und seine Fähigkeit, mitzufühlen und Mitleid zu empfinden, unterrepräsentiert sind. Die Persönlichkeitsbildung ist demnach das wichtigste Ereignis dieser Stufe: Erst über sie wird es möglich, eine Balance zwischen Verstand und Mitgefühl herzustellen.

Neurobiologie: Was im Gehirn geschieht, wenn wir lernen

Heutigen neurowissenschaftlichen Erkenntnissen zufolge ist das Gehirn eher ein Ökosystem als eine Maschine. Das heißt: Verschiedene Gehirnareale stehen in Bezug zueinander, wobei jeder Teil für sich ein selbstständiges System bildet. Konkret bedeutet das: Der Sprachausdruck hängt fundamental vom Körpergleichgewicht ab. Beide Systeme sind eigenständig, beeinflussen sich aber gegenseitig. So gehören auch Lernen, Gehirnentwicklung und Bewegung zusammen. Dies wird immer wieder durch die Neurowissenschaften bestätigt: Das Gehirn ist zwar vom anatomischen Standpunkt aus fertig – die grundlegenden neuronalen Verknüpfungen eines Menschen (z.B. der Herzschlag, die Körpertemperatur oder Atmung) sind schon bei der Geburt angelegt –, aber viele andere Verknüpfungen werden erst im Lauf des Lebens durch den ständigen Lernprozess gebildet. Das Gehirn ist lebenslang formbar und organisiert sich jedes Mal, wenn wir etwas dazulernen, neu.

Unser Gehirn besitzt die erstaunliche Fähigkeit, durch intensives Training Defizite auszugleichen und neue Leitungsbahnen (synaptische Verbindungen) zu legen. Regelmäßiges Üben, indem z.B. gezielte Bewegungsabläufe angeregt werden, schaffen also neue Verbindungen und vergrößern den zuständigen Gehirnbereich. Üben heißt aber nicht nur, Dinge einfach zu wiederholen, sondern sie immer wieder mit der jeweils neuen Situation zu verbinden – denn jede neue Situation ist eine neue Herausforderung für unser Gehirn.

Das Gehirn ist also wie ein Muskel, der trainiert werden kann – und er ist von Gefühlen beeinflussbar. Denn die Art der Informationsverarbeitung wird durch Emotionen gesteuert. Gute und schlechte Erfahrungen sind dabei wesentliche Gradmesser und bestimmen unsere Entscheidungen. Sind Erfahrungen positiv, können neue Situationen besser bewältigt werden. Sind Erfahrungen negativ, fehlt die Strategie, Herausforderungen zu bewältigen.

Negative Erfahrungen und Versagenserlebnisse verursachen neurologische Blockaden – das berühmte »Brett vor dem Kopf«. So wie es sieben Entwicklungs- und Fähigkeitsstufen gibt, gibt es auch sieben »Bretter«, die für eine Blockade auf der jeweiligen Stufe typisch sind.

Wir sprechen immer dann von einer neurologischen Blockade, wenn die angelegten Ressourcen im Gehirn nicht voll ausgeschöpft und eingesetzt werden können. Ein Teil der Fähigkeiten liegt brach. Eine solche Blockierung geschieht entweder durch mangelnde Entwicklung der Bewegungs- und Erlebniswelt oder eben durch Misserfolgserlebnisse. Um dies noch näher zu beschreiben, müssen wir kurz einen Blick darauf werfen, was im Gehirn geschieht, wenn wir lernen.

In den ersten Lebensjahren bis hin zur Pubertät wird eine große Zahl neurologischer Verknüpfungen im Gehirn angelegt. *Lernen heißt – verknüpfen.* Dann folgt eine

Zäsur. Alles, was bis zu diesem Zeitpunkt nicht gebraucht wurde, bildet sich wieder zurück. Die benutzten Leitungsbahnen jedoch werden ausgebaut, das heißt, es kann dann mehr Information fließen. Auf diesen »Datenautobahnen« im Gehirn spielt sich die Kommunikation ab und es können ein Leben lang neue Verknüpfungen erfolgen. Doch sie müssen trainiert werden, um nicht zu verkümmern – da bewahrheitet sich die Redewendung: »Was nicht genutzt wird, geht verloren.« Für eine optimale Gehirnentwicklung müssen also frühe Förderung und lebenslanges Training Hand in Hand gehen.

Natürlich gibt es ideale Zeitfenster für das Erlernen bestimmter Fähigkeiten, aber es ist niemals zu spät. So sind z.B. Mädchen im Alter von ca. fünf Jahren sehr sensibel und aufnahmebereit für den ganzen Spracherwerb. Lesen und schreiben lernen gelingt ihnen in diesem Alter besonders leicht, da die Neugier für Sprache zu diesem Zeitpunkt am größten ist.[2] Selbstverständlich lernen sechs- und siebenjährige Mädchen auch lesen und schreiben, jedoch ist in diesem Alter die Neugier nicht mehr so stark und der Lernprozess erfordert dann mehr Konzentration. Bei Buben liegt das Zeitfenster beziehungsweise die sensible Phase fürs Lesen- und Schreibenlernen eher im Alter von sieben Jahren.

Über die verschiedenen Übungen und Trainingsangebote der Evolutionspädagogik kann vieles erkannt und nachgeholt werden. »Was Hänschen nicht lernt, lernt Hans nimmermehr« gilt also in diesem Zusammenhang nicht. Denn wenn wir erkennen, auf welcher Gehirnentwicklungsstufe ein Kind blockiert ist, beziehungsweise auf welcher Ebene es wahrnimmt und agiert, können wir sein Verhalten verstehen, die Blockade lösen und somit den Zugang zu den anderen Stufen ermöglichen.

Daher ist es von großer Bedeutung, uns stets den Satz »Alles kann nachgeholt und behoben werden« zu vergegenwärtigen.

Ein Beispiel soll dies verdeutlichen:

Wenn ein Kind aus seinem Reptiliengehirn agiert, wird es keine Gefühle wahrnehmen und verstehen können. Das Reptiliengehirn ist nicht dazu da, um Gefühle wahrzunehmen und Verhalten über Einsicht zu ändern. Das Verhalten von Krokodilen diesbezüglich korrigieren zu wollen, ist völlig sinnlos. Ein Kind auf dieser Stufe ist instinktgesteuert, es kann nur agieren und auf bestimmte Situationen reagieren.

Wer in seinem Reptiliengehirn gefangen ist, verhält sich entweder bewegungslos und starr oder kraftvoll und aggressiv. In Stresssituationen steht nur eine dieser Verhaltensweisen zur Verfügung. Die Wahlfreiheit, sich situationsangemessen zu verhalten (»sowohl als auch«), nennen wir in der Evolutionspädagogik »Kompetenz«. Mit Reaktionsübungen wie sie im nachfolgenden Kapitel zur Körpersicherheit beschrieben werden, kann die Blockade gelöst werden, die diese Wahlfreiheit für das Kind unzugänglich macht.

Um zu erkennen, auf welcher Gehirnstufe ein Kind agiert, müssen wir die Sprache der Kinder verstehen. Die sieben Sicherheiten bieten hierfür den Leitfaden.

Bewegung spiegelt die Wahrnehmungsstufe des Gehirns, auf der man sich befindet.

Die sieben Sicherheiten auf einen Blick

Gehirnent-wicklungsstufe	Sicherheit	Lebens-kompetenz
Fischstufe	1. Ursicherheit	Vertrauen ins Leben, »da sein«
Amphibienstufe	2. Erlebnis-sicherheit	Erfahren und entdecken
Reptilienstufe	3. Körper-sicherheit	Kraft haben
Säugetierstufe	4. Gefühls-sicherheit	Wahrnehmen der Gefühle
Affenstufe	5. Gruppen-sicherheit	Sozialverhalten
Urmenschstufe	6. Sprach-sicherheit	Sprache als Mittel der Verständigung
Menschstufe	7. Kooperations- und Kommuni-kations-sicherheit	Selbstbe-wusstsein und Verantwortung

KAPITEL 1

DIE URSICHERHEIT

Definition

Ursicherheit bedeutet: das Vertrauen zu haben, dass das Leben uns trägt. Man ist im Einklang mit sich und dem Leben. Ursicherheit muss erlebt und erfahren werden, man kann sie nicht intellektuell erwerben. Sie kann nur von Mensch zu Mensch vermittelt werden. Sie ist Ausdruck des Willkommenseins und Grundlage allen Vertrauens.

Urvertrauen und Geburt

Viel zu lange wurde die Bedeutung der neun Lebensmonate im Mutterleib unterschätzt. Die neuesten Forschungen bestätigen jedoch, dass bereits der ungeborene Mensch am Leben seiner Umwelt teilnimmt. Wer wir sind und was aus uns wird – dafür werden schon vor der Geburt wichtige Grundlagen geschaffen. Denn das ungeborene Kind ist auf vielfältige Weise mit seiner Mutter und seiner Umwelt verbunden.

Singt man Föten in der Schwangerschaft Lieder vor, reagieren sie später auf die Wiederholung mit verlangsamtem Herzschlag. Das Kind hört und empfindet also im Mutterleib mit. Dadurch kann das Kind gewisse Neigungen entwickeln. Dies allein erzeugt jedoch noch nicht zwangsläufig ein definitives Verhalten und Empfinden. Erfahrungen im Mutterleib schaffen Vorbestimmungen, so genannte Prädispositionen, aber sie legen das Leben nicht fest. Wesentlich ist, welche Geneigtheiten des Kindes vor und nach der Geburt bestätigt und verstärkt werden.

Die Gebärmutter ist ein Raum der Interaktion. Der Fötus reagiert auf die Welt »draußen« – auf Geräusche, den Herzschlag der Mutter, ihr Lachen, Musik ... Und mehr noch: Im Mutterleib lernen wir die Melodie des Lebens mit ihren harmonischen, aber auch dissonanten Tönen kennen – wir bekommen eine Ahnung dessen, was Vertrauen und Rückzug, Liebe und Schmerz bedeuten können. Spürt ein Kind im Uterus, dass es gewollt ist und versorgt wird, ist die Chance groß, dass es auf natürliche Weise zur Welt kommt. Erfährt es nach der Geburt auch noch, dass es von der Mutter liebevoll gehalten wird, dann ist das wichtigste Fundament für seine weitere Entwicklung gelegt:

Die Grundlage allen Vertrauens ist dadurch geschaffen – Urvertrauen und Ursicherheit entstehen.

Ursicherheit heißt getragen und gehalten werden.

So wie die Ursicherheit in der Schwangerschaft entstehen und wachsen muss, so wirkt sich auch die Art und Weise, wie ein Kind geboren wird, auf die spätere Entwicklung aus. Erlebt es eine Narkosegeburt, grelles Licht oder laute Geräusche, bleibt es unmittelbar nach der Geburt unbeachtet und erfährt keine Berührung (z.B. wenn es nach einer Frühgeburt in den Brutkasten gelegt wird), können Unsicherheit und Ängste entstehen.

Die Bandbreite der Ursicherheit

Verhaltensbandbreite ist ein zentraler Begriff in der Evolutionspädagogik. »Bandbreite« bedeutet für uns, dass es viele Variationsmöglichkeiten bestimmter Verhaltensweisen gibt. Sinnvolles Verhaltenstraining und Verhaltenssicherheit gelingen nur, wenn einseitige Bewertung vermieden wird – wenn also nicht ein Pol der Variationsmöglichkeiten innerhalb einer Stufe als positiv, der andere als negativ gesehen wird.

Ursicherheit muss erfahren werden, man kann sie nicht erwerben. Dieses Gehaltenwerden ist die Basis für ein starkes »In der Welt sein«. Es erzeugt ein Einheitsgefühl, das die Bedingung ist für Zuversicht, positive Lebenseinstellung, Lebensmut, Mitmenschlichkeit, Vertrauen ins eigene Dasein und die Ich-Werdung. Gehaltenwerden vermittelt die Erfahrung: Es wird für mich gesorgt. Vielleicht ist dies der Augenblick, in dem wir dem Himmel am nächsten sind. Begriffe wie schweben, wohlige Wärme, sanfte Klänge, bewegt und berührt werden, aber auch Erfahrungen von »Ich werde gehört, ich werde geliebt, ich werde geachtet, ich bin erwünscht, ich bin eine Freude« haben hier ihren Anfang und können diesen Zustand wohl am besten beschreiben.

Das spätere »In der Welt sein« erhält in diesem Stadium seine Prägung. Ursicherheit ist das Kapital, mit dem das Neugeborene ausgestattet wird. Ursicherheit kostet nichts, muss nicht verdient werden, entsteht mit Leichtigkeit und Freude – sie ist der Samen, aus dem die Lebensfrucht erwächst.

Ist die Ursicherheit nicht gefestigt, können Zukunftsangst und die Weigerung, erwachsen zu werden, die Folge sein. Vielleicht ist das auch einer von vielen Gründen, warum immer mehr Menschen als Singles leben und viele Paare sich dafür entscheiden, kinderlos zu bleiben. Die Bereitschaft, Verantwortung für sich selbst und das Leben zu übernehmen, ist das wesentliche Kennzeichen eines erwachsenen Menschen. Jedoch fällt dies Menschen, die keine Ursicherheit erfahren haben, sehr schwer und entsprechend schwierig ist es für sie, diese an ihre Kinder weiterzugeben. Ursicherheit ist also Ausgangspunkt und Grundlage unseres Leben – daher ist es so wichtig, sie erfahren.

Das Training: Übungen zur Stabilisierung der Ursicherheit

Ursicherheit kann durch zwei wesentliche Erlebnisse trainiert und erfahren werden. Vom Wasser getragen zu werden und das Erlebnis des Gehaltenwerdens sind die Urerfahrungen und das Fundament des Menschseins. Schwimm- und Paddelspiele vermitteln und stärken die Erfahrung des Getragenwerdens.

1. Übung: Das Kind liegt auf dem Bauch im Wasser. Man schiebt die Arme unter seine Brust und seinen Bauch. Sanft wird es nun im Wasser gewiegt. Diese Übung kann auch am Boden gemacht werden.

2. Übung: Eine weitere Möglichkeit bietet das Paddeln mit einem Schwimmbrett. Das Kind legt sich mit dem Bauch auf das Schwimmbrett und lässt sich im Wasser treiben oder paddelt mit Armen und Beinen.

3. Übung: Das Kind liegt auf dem Bauch auf einem Tuch und wird darin von zwei Personen sanft hin und her gewiegt.

Das Erlebnis getragen und gehalten zu werden bedeutet:

- die Sicherheit zu spüren: Ich habe meinen Platz im Leben,
- nicht ins Unendliche abzustürzen,
- zu spüren, man ist nicht allein.

Auswirkungen einer Kaiserschnittgeburt:

»Ihr habt mich geholt – also macht mal!«

In unseren Tagen ist der geplante Kaiserschnitt fast schon zu einem Trend geworden. Immer mehr Schwangere wünschen sich, ihr Baby per Kaiserschnitt zur Welt zu bringen. Zählt man die medizinisch notwendigen Operationen dazu, erblicken heute 23 Prozent der Kinder auf diese Art das Licht der Welt. Vor 20 Jahren waren es nur 8 Prozent, und seit dem Jahr 2000 kann jede Frau selbst entscheiden, ob sie ihr Kind per Kaiserschnitt zur Welt bringen möchte.

Wenn eine Frau heute beruflich erfolgreich ist, sich aber auch noch ein Kind wünscht, dann möchte sie beides miteinander verbinden – ihre Karrierechancen nicht verpassen, sich aber auch als Mutter bewähren. Und natürlich will sie – wie alle Mütter – nur das Beste für ihr Kind. So kommt es, dass vielen der Kaiserschnitt als optimale Lösung erscheint: Die Geburt ist bis ins Detail planbar und medizinisch gesehen hat man fast alles im Griff – dem Kind sowie der Frau kann nichts Schlimmes widerfahren.

Doch was steckt tatsächlich hinter einer solchen Entscheidung? Liegt der Grund nicht häufig in der mangelnden Ursicherheit?

Ist die Schwangerschaft mit Ängsten besetzt, fürchtet die Frau um die Gesundheit des Kindes. Ist dann auch noch zusätzlich die Angst vor der natürlichen Geburt sehr groß, finden sich alle möglichen Gründe, um einen Kaiserschnitt zu rechtfertigen. Er scheint für alle Beteiligten ein sicherer Weg zu sein: Der Arzt übernimmt gerne die Verantwortung, weil er weiß, die Operation hat er im Griff, die Wehen hingegen nicht. Und er kann überzeugt beteuern, dass alles bestens laufen wird, was er bei einer natürlichen Geburt so nicht voraussagen kann, und kommt es dann zu einer schweren Geburt, möchte er dafür nicht die Verantwortung tragen müssen. Aus diesem Grunde neigen viele Ärzte dazu, einen Kaiserschnitt zu befürworten. Sie nennen dieses neue Syndrom bei schwangeren Frauen die Tokophobie, »die Angst vor den Wehen«, und geben diese als Indikation für die Sectio (Kaiserschnitt) an.[3]

Die Geburt eines Kindes jedoch ist sehr viel mehr als ein medizinisch sauber durchführbarer Akt: Hat eine Frau z.B. zu wenig Ursicherheit erfahren, so bieten ihr gerade Schwangerschaft und Geburt eine Chance, Ursicherheit und Vertrauen in das Leben zu entwickeln – und dies kommt sowohl ihr selbst zugute als auch ihrem

Kind, dem sie auf diese Weise ein gutes Lebensgefühl mit auf den Weg gibt. Diese Sichtweise kommt leider heute viel zu kurz – wir haben uns daran gewöhnt, auch die Geburt eines Kindes fast nur aus der medizinischen Perspektive zu betrachten. Sehr viel seltener wird beleuchtet, was ein Kaiserschnitt für die Entwicklung eines Kindes bedeutet und welche Folgen daraus erwachsen können.

Durch unsere langjährige Beratungsarbeit innerhalb der Praktischen Pädagogik haben wir festgestellt, dass bei Kindern mit Lern- und Verhaltensproblemen weit über dem Durchschnittswert Kaiserschnittgeburten vorliegen (bis zu 50%). Daher erscheint es uns dringend notwendig, die Wichtigkeit der natürlichen Geburt für die Entwicklung eines Kindes hervorzuheben und die Auswirkungen einer Kaiserschnittgeburt dringend noch näher zu untersuchen.

»Geboren, aber nicht empfangen«: Der Kaiserschnitt – Geburt ohne Mutter?

Untersuchungen zeigen, dass das natürliche Geburtsgeschehen die Lebenskraft des Kindes nicht nur aufs Höchste fordert, sondern auch aufs Höchste fördert. Eine natürliche Geburt ist kein bloß beschwerlicher Weg, den man problemlos vermeiden kann, sondern zum richtigen Zeitpunkt ein wichtiges Fitnessprogramm für das Baby. So können Kaiserschnittgeburten kleine Anfangsfehler mit großen Folgefehlern sein.

Bei der Kaiserschnittgeburt wird das Neugeborene operativ aus dem Mutterleib geholt. Häufig bedeutet dies für das Kind eine Frühgeburt. Sein Organismus ist noch nicht bereit. Das Pressen durch den Geburtskanal fehlt völlig. Dadurch kann Fruchtwasser in der Lunge des Babys bleiben. Dies kann dann zu vorübergehenden Atmungsproblemen führen. Unsere Erfahrungen haben gezeigt, dass viele Kaiserschnittkinder Atmungsprobleme, Allergien oder Asthma haben.

Bei einer natürlichen Geburt muss sich das Kind langsam durch den Geburtskanal arbeiten. Dieser positive Stress hilft ihm, Anpassungsreaktionen und Durchsetzungsvermögen zu entwickeln. Gleichzeitig wird auch das Immunsystem angeregt. Die hormonell bedingte gesteigerte Wachheit von Mutter und Kind direkt nach der Geburt versetzt das Kind in einen Wahrnehmungszustand, den es danach kaum noch auf diese Weise erlebt. Geruch und Blicke intensivieren und ergänzen die sinnliche Wahrnehmung über die Haut, sodass das Baby spürt: Es ist diese Mutter, an die es einmalig und einzigartig gebunden ist! Und genauso spürt die Mutter: Es ist dieses Kind, an das sie einmalig und einzigartig gebunden ist. Durch einen Kaiserschnitt kann dieser Bindungsprozess gestört werden, fehlende Ursicherheit ist oft die Folge.

Auch die Neurologie bestätigt unsere Erfahrungen. Neurologen glauben, dass frühkindliche Reflexe vor, während und nach der Geburt ihre Entwicklungsaufgaben erfüllen müssen, damit komplexe Funktionen wie Koordination und Gleichgewicht ausreifen.

Unsere Erfahrungen aus der täglichen Praxis zeigen, dass sich Defizite in verschiedenen Formen auf die schulischen Leistungen der Kinder auswirken. Und deutlich ist, dass Kaiserschnittkinder in unseren Praxen überdurchschnittlich präsent sind. Sie ziehen oft ganz andere Schlussfolgerungen über das Leben als Kinder, die vaginal geboren wurden. Da die Kaiserschnittkinder am Geburtsvorgang nicht aktiv teilgenommen haben, nehmen sie häufig die Haltung eines Menschen ein, der sagt: *»Ihr habt mich geholt, also macht mal! Ich kann sowieso nichts tun!«*

Der Hauptunterschied zur vaginalen Geburt liegt bei der Kaiserschnittgeburt darin, dass der Übergang vom Leben im Mutterleib zum Leben in der Welt sehr viel schneller vor sich geht. Somit kommt es zu keinem Geburtserlebnis. Der natürliche Geburtsvorgang macht erst die Geburt zum Erlebnis: Mutter und Kind trennen sich in einem bewussten und wachen Zustand voneinander und öffnen sich gleichzeitig bedingungslos füreinander, um sich nach dem Trennungsvorgang in einer neuen Form wieder zu finden und eine neue Einheit zu bilden. Indem die Frau ihr Kind empfängt, verwandelt sie sich in eine Mutter und entlässt ihr Kind in seine Freiheit und Individualität. Bei der Sectiogeburt können diese Prozesse alle nicht stattfinden: Das Kind ist allein und unvorbereitet. Es kann nicht verstehen, was geschieht, und reagiert desorientiert. Es hat nicht durch die Geburt gelernt, seine Kraft zu gebrauchen und zu reagieren.

Kaiserschnittkinder haben oft Schwierigkeiten mit Prozessen, die allmählich verlaufen, und meistens auch damit, bestimmte Aufgaben oder Vorhaben zum Abschluss zu bringen. Sie haben häufig wenig Durchsetzungs- und Durchhaltevermögen. Da sie aus dem Mutterleib »gerettet« wurden, erwarten sie manchmal, dass sie später, wenn sie in schwierige Lebenssituationen geraten, ebenfalls gerettet werden, und unternehmen nicht die geringste Anstrengung, ihre Probleme selbst zu lösen. Sie haben außerdem oft Angst davor, verlassen und allein gelassen zu werden.

Sicherlich: Nicht alle durch Kaiserschnitt geborenen Kinder haben diese Probleme. Kaiserschnitte können nötig sein, um die Gesundheit und sogar das Leben von Mutter oder Kind zu retten. Der Kaiserschnitt *ohne Not* hingegen mag medizinisch machbar sein, aus pädagogischer Sicht ist er jedoch nicht zu vertreten.

Dazu ein Fallbeispiel aus unserer Praxis: Ein zehnjähriger Junge kommt mit seiner Mutter in die Beratung. Die Mutter beschreibt den Jungen als sehr beliebt bei Klassenkameraden und Lehrern. Werden Aufgaben an ihn gestellt, bei denen Zeit und Geduld erforderlich sind, lässt seine Konzentration rasch nach, so z.B. beim Lösen von schwierigeren Mathematikaufgaben. Bei körperlicher Anstrengung gibt er sehr schnell auf. In vielen Unterrichtssituationen wird er unsicher und traut sich nichts zu. Bei der Frage nach dem Verlauf seiner Geburt erwähnt die Mutter, dass ihr Sohn Tim per Kaiserschnitt geboren wurde. Tims Schwierigkeiten sind kein Einzelfall in unseren Beratungspraxen.

Unsere Erfahrungen zeigen immer wieder, dass das Gehirn eines Kindes »Schulstress« mit dem erfahrenen

Geburtsstress gleichsetzt. Für uns kristallisiert sich daher heraus, dass es einen Zusammenhang zwischen Schwangerschaft/Geburt und Lernen/Verhaltensproblemen gibt.

Gelingt es uns mit dem Handwerkszeug der Evolutionspädagogik, die negativen Emotionen aufzuspüren und die Blockaden zu lösen, kann sich die Ursicherheit eines Kindes stabilisieren und somit sein Lebensweg positiv geebnet werden (siehe Übungen zur Ursicherheit Seite 35).

Die natürliche Geburt schafft Ursicherheit. Ursicherheit muss erfahren werden. Dieses Erfahren kann mit den Erkenntnissen und Übungen der Evolutionspädagogik nachgeholt werden.

Wir erleben immer wieder, wie sehr sich spezielle Geburtsvorkommnisse auf die weitere Entwicklung des Kindes auswirken. So möchten wir auch die Anästhesie nicht unerwähnt lassen. Betäubung und Desorientierung, die durch Anästhesie entsteht und die dem Kind vielleicht durch das angstbesetzte Geburtserlebnis geholfen hat, kann die Wahrnehmung eines Kindes verändern. Daher schlagen wir dringend vor, in künftigen Studien auch den möglichen Zusammenhang zwischen der Geburt unter Anästhesie und einem späteren Drogen- und Tablettenmissbrauch zu untersuchen.

Die Schlüsse, die wir aus den Erfahrungen in unserer evolutionspädagogischen Arbeit ziehen, wollen wir als Appell an die Gesellschaft und die werdenden Mütter richten: Wir sollten zu unseren ureigensten Kräften zurückfinden und dem ungeborenen Kind eine natürliche Geburt ermöglichen, sofern dieser keine medizinischen Gründe entgegenstehen. Durch die natürliche Geburt erhält jedes Kind die wunderbare Chance, seinen Lebensweg zu meistern und Verantwortung für sein Leben zu übernehmen.

Die natürliche Geburt ist die Pforte, die uns die Möglichkeit bietet, unseren Körper bewusst wahrzunehmen. Aus dem Paradies, dem Mutterleib, »vertrieben«, treten wir ins Licht hinaus und werden aufgefordert, uns in der Welt zu bewegen und zu bewähren.

KAPITEL 2

DIE ERLEBNISSICHERHEIT

Definition

Die Erlebnissicherheit definiert sich über zwei Eigenschaften:

1. *Neugier:* Sie ist der Antrieb für die geistige und körperliche Entwicklung eines Kindes.
2. *Rückzug:* Die Fähigkeit, sich in bestimmten Lebenssituationen zurückzuziehen, bedeutet, sich angemessen schützen zu können.

Beide Eigenschaften sind lebensnotwendig.

Die Entfaltung der Sinne: Entstehung der Erlebnissicherheit

Kinder lernen, weil sie neugierig sind. Wenn wir wollen, dass sie neugierig sind, müssen wir ihre Neugierde entfachen. Nur einem neugierigen Kind kann etwas vermittelt werden. Neugierig machen hat aber nichts mit Einsicht oder Sinngebung zu tun. Erklärungen sind hier fehl am Platz und können keine Wirkung zeigen.

> Wenn du ein Schiff bauen willst,
> fang nicht an
> Holz zusammenzutragen,
> Bretter zu schneiden und Arbeit zu verteilen,
> sondern wecke in den Männern die Sehnsucht
> nach dem großen, weiten Meer.
>
> *Antoine de Saint-Exupéry*

Im Alter von etwa vier Monaten beginnt das Kind, sich vom Rücken auf den Bauch zu rollen. Es kann Kopf und Oberkörper aus der Bauchlage heraus gut anheben. Der amphibische Teil des Kleinhirns ist aktiv. Aus dieser Körperlage heraus beginnt das Kind, die Welt aktiv zu entdecken. Es robbt sich mit den Armen nach vorne und beginnt mit dem ganzen Körper, die Welt zu ertasten und zu erspüren. Es entdeckt Gegenstände, die sich bewegen, und neugierig bewegt es sich darauf zu.

Das Kleinkind tastet sich vorsichtig erkundend an das Neue heran. Es beginnt mit den Händen nach Gegenständen zu greifen – die natürliche Neugier ist die Antriebskraft für seine weitere Entwicklung. Aber es lernt auch, was Rückzug und Schutz bedeuten – das heißt, es lernt auch, sich abzusichern. Unter Erlebnissicherheit verstehen wir genau diese Fähigkeit, sich angemessen schützen zu können: eine Fähigkeit, ohne die der Mensch im späteren Leben nicht zurechtkommt.

Deshalb ist diese Entwicklungsstufe für die Erlebnissicherheit eines Menschen von großer Bedeutung. In der Evolutionspädagogik nennen wir sie auch Amphibienstufe. Alle Erfahrungen, die das Kind auf dieser Stufe macht, prägen seine Erlebnissicherheit.

Die Bandbreite der Erlebnissicherheit

Das Beispiel zweier völlig unterschiedlich handelnder Kinder soll zeigen, wie verschieden sich eine mangelnde oder sogar fehlende Erlebnissicherheit äußern kann.

Julian steht in der Ecke auf dem Schulhof, seine Hände in den Hosentaschen, sein Blick ist gesenkt. Für kurze Augenblicke hebt er den Kopf und schaut den anderen Kindern beim Pausenspiel zu. Gerne würde er mitspielen, doch er traut sich nicht. Ob im Schulunterricht, beim Sport oder Spiel – Julian würde sich gerne beteiligen, aber eine unbestimmte Angst hemmt ihn.

Ganz anders verhält sich Moritz. Er ist ein Draufgänger. Überall, wo es etwas zum Mitmachen gibt, hat er seine Nase vorn. In der Turnhalle hängt er an der obersten Sprossenleiter, mit seinem Fahrrad ist er meist mit wilder Geschwindigkeit und ohne Sturzhelm unterwegs. Alles, was nicht niet- und nagelfest ist, muss er ausprobieren. Schon manche Beule und sogar einen Knochenbruch brachte ihm sein Tatendrang ein.

Beide Jungen haben eines gemeinsam: Sie stehen unter Stress und haben keine Handlungsalternativen. Julian ist sehr vorsichtig, er versteckt sich und zieht sich zurück. Ihm steht nur diese Verhaltensweise zur Verfügung. Moritz dagegen ist in seinem »Erkunden und Ausprobieren« gefangen. Er kann sein Risiko und die Gefahren nicht abschätzen, deshalb sind ihm Verhaltensweisen wie vorsichtig zu sein oder sich zurückzunehmen völlig fremd. Ihm steht nur der Tatendrang zur Verfügung.

Beide Jungen handeln aus Stress und nicht aus ihrer freien Erlebnissicherheit heraus. Stress aber ist Ausdruck einer neurologischen Blockade. Beide sind auf der Stufe der Erlebnissicherheit blockiert. Was solche Kinder häufig verbindet, ist ein Schockereignis aus ihrer frühen Kindheit – wie es z.B. der kleine David erleben musste.

David ist ein sehr aufgewecktes Baby – auf dem Wickeltisch ist nichts vor ihm sicher. In einem unbeobachteten Augenblick rollt er sich auf die Seite und fällt auf den harten Steinboden. Nach dem ersten Schock reagiert das Kind mit Rückzug. Die natürliche Neugier, die Welt zu entdecken, kann dadurch gehemmt werden. In der weiteren Entwicklung des Kindes kann sich diese Unsicherheit im Erleben in übertriebener Ängstlichkeit oder auch mangelnder Motivation zeigen. Entsprechend kann das so genannte »Null Bock«-Verhalten eines Jugendlichen Ausdruck für mangelnde Erlebnissicherheit sein.

Im Kleinkindalter kann die Erlebnissicherheit über die »vorwärts robbende« Bewegung optimal trainiert werden. Dabei ist es wichtig, dass sich das Kind in der Bauchlage mit den Armen nach vorne zieht und Oberkörper und Kopf leicht anhebt. Aus dieser Körperstellung wird es sich im »Erleben« der Welt sicherer: Es kann auf Entdeckungsreise gehen und gleichzeitig gibt der Boden Sicherheit (siehe Übungen Seite 52).

Auch die Ängstlichkeit von Erwachsenen kann sich auf das Kind übertragen und so die Erlebnissicherheit beeinflussen. Wenn z.B. eine Mutter vor lauter Angst, das Kind könnte sich verletzen, den natürlichen Bewegungsdrang unterbindet und auf dem Spielplatz immer wieder in den Entdeckungsdrang ihres Kindes eingreift, wird das Kind massiv in der Entwicklung seiner Erlebnissicherheit beschränkt.

Eine andere Form von unausgeglichener Erlebnissicherheit ist aber auch ein sehr exzessives Verhalten, das mit einer großen Risikofreudigkeit einhergeht. Dies kommt bei Extremsportarten wie z.B. Skispringen, Skiabfahrtslauf oder Bungee-Springen zum Tragen. Die Suche nach dem »ultimativen Kick« ist meist ein Grund für die große Risikobereitschaft.

Auffallen wollen um jeden Preis, aber auch gaffen bei Unfällen oder Prügeleien ohne zu helfen, weisen ebenfalls auf eine Blockade auf dieser Stufe hin.

Fazit: Sicher sein im Erleben ist eine Kompetenz, die der Alltag von uns fordert. Wenn die Erlebnissicherheit eines Menschen fehlt oder aus der Balance gerät, wird er Schwierigkeiten haben, sich in verschiedenen Lebenslagen angemessen zu verhalten.

Wie kann die Erlebnissicherheit eines Kindes stabilisiert werden?

Die sieben Sicherheiten beruhen auf den sieben evolutionären Gehirnentwicklungsstufen, die das Kind vom Zeitpunkt seiner Zeugung über die Schwangerschaft und Geburt bis zum dritten bis vierten Lebensjahr organisch und motorisch durchläuft. Sie bauen aufeinander auf und so kann letztlich ohne Ursicherheit keine Erlebnissicherheit entstehen. Sicher sein im Erleben ist wie schon erwähnt Aufgabe des amphibischen Teils unseres Kleinhirns und wird von da aus gesteuert. Um Unausgeglichenheiten und Defizite auf der Erlebnisstufe zu beheben, muss dieser Teil unseres Gehirns aktiviert werden. Hierzu ein Beispiel aus der Praxis.

Eine Mutter berichtet von ihrem 12-jährigen Sohn: »Seine schulischen Leistungen sind okay, aber bei den Hausaufgaben bekommen wir ständig Ärger miteinander. Wenn es zum Streit kommt, steht Alexander bis zu zehn Mal auf, knallt die Türe und verschwindet in sein Zimmer. Die Situation ist einfach nicht mehr auszuhalten!«

Während der Beratung stellt sich heraus, dass sich der Junge in vielen Hausaufgabensituationen unsicher fühlt, dies aber seiner Mutter nicht vermitteln kann. Er fühlt sich der Situation schutzlos ausgeliefert und zieht sich deshalb immer wieder in sein Zimmer zurück. Der Grund für seinen Rückzug ist ihm aber selbst nicht bewusst und auch seine Mutter erkennt dies nicht und kann sein Verhalten nicht verstehen.

Über die nachfolgend beschriebene Übung kann die Erlebnissicherheit des Jungen stabilisiert werden. Durch diese Übung wird dem Jungen klar, dass er sich schützen muss und darf. Er erkennt aber auch, dass er nicht gleich vor jeder Schwierigkeit weglaufen muss, sondern sich damit konfrontieren kann.

Die Mutter kann nun sein Verhalten einordnen und statt aggressiv viel gelassener reagieren.

Der wichtige Erfahrungswert dieser Stufe besteht darin, dass das Kind die Welt entdecken darf und trotzdem Rückzugsmöglichkeiten hat. Schon allein das »beschützende« Verhalten der Mutter veränderte die Situation. Sie vermittelt ihrem Sohn nun: »Ganz gleich, was passiert, ich bin bei dir und gemeinsam schaffen wir es. Wenn du mich brauchst, kannst du zu mir kommen.« Die Mutter reagiert verständnisvoll und schutzgebend.

Durch den Schutz, den Alexander nun erfährt, hat er auch wieder Zugang zu seiner Neugier. Sie hilft ihm, neue Wege zu entdecken, um seine Hausaufgaben zu bewältigen.

Das Training: Übungen zur Stabilisierung der Erlebnissicherheit

Neugier und Rückzug, Verstecken und Entdecken sind die Pole, die Erlebnissicherheit ausmachen. Über das *Schildkrötenspiel* können diese Eigenschaften trainiert werden. Aufgabe ist es, wie eine Schildkröte durch einen Stoffreifentunnel zu kriechen, den Kopf zur Öffnung herauszustrecken und sich dann wieder zu verstecken.

Die robbende Bewegung kann in verschiedenen Umgebungssituationen trainiert werden, so dass die Wahrnehmung aus dieser Körperlage immer wieder eine andere ist: z.B. in einem hellen oder abgedunkelten Raum, auf verschiedenen Bodenflächen. Dies weckt die Neugier des Kindes, die es immer weiter dazu bewegt, Neues zu entdecken. Das Schildkrötenspiel kann auch im Sitzen oder Liegen stattfinden. »Zieh den Hals ein und streck ihn wieder«, heißt dann die Aufforderung. Sogar sprachlich können wir diese Bandbreite trainieren: »Versteck dich ... und jetzt sei wieder neugierig!«

Auch bei traditionellen *Versteckspielen* können diese Eigenschaften wunderbar erfahren und eingeübt werden.

Sicher sein im Erleben heißt sich zurückzuziehen und vorsichtig zu sein, wenn es die Situation erfordert; zu erkunden und auszuprobieren, wenn man mehr erfahren will; risikofreudig zu sein und aufzufallen, wenn es nötig ist. Die Erlebnissicherheit kann ein Leben lang stabilisiert und balanciert werden.

Die Erfahrung zu machen, dass man die Wahl zwischen Verstecken und Entdecken hat, bedeutet:

- seinen Lebensraum erweitern zu können.
- Gefahren wahrnehmen und abschätzen zu lernen.
- Mut zu gewinnen, Neues und Unbekanntes zu erfahren und sich dabei auch schützen zu können.
- Bei Erwachsenen würde man sagen: »innovativ zu sein«.

Auf dieser Gehirnentwicklungsstufe ist die visuelle Wahrnehmung von Bewegung wichtig, um gefährliche und nützliche Situationen voneinander unterscheiden zu können. Dadurch vergrößern sich die für das Sehen zuständigen Gehirnareale.

KAPITEL 3

DIE KÖRPERSICHERHEIT

Definition

Körpersicherheit bedeutet intuitive Reaktionen zu zeigen – z.B. angespannt oder entspannt zu reagieren, ruhig oder bewegt, gelassen oder aktiv zu sein. Emotionen sind auf dieser Stufe noch unbewusst.

Bei jeder neuen Entwicklungsstufe nehmen wir die Erfahrungen und Fertigkeiten der vorherigen Entwicklungsstufe mit uns. Die bisherigen Stufen stellen so etwas wie den »Motor« für Entwicklung dar.

Sie sind die Ausstattung, der Baukasten, der Antrieb für das Neue. Eine immer höhere Komplexität entsteht. Immer mehr Kompetenzen werden erreicht. Unter »Kompetenz« verstehen wir Fähigkeiten und Fertigkeiten, die sich durch Erfahrungslernen entwickeln. Man kann sie je nach Situation anwenden oder nicht: Ressourcen, die einsatzbereit sind.

Menschwerdung ist ein langsames Sichaufrichten.
Leben heißt langsam geboren werden.
Es wäre allzu leicht, wenn alles gleich fix und fertig wäre.

Die Bandbreite der Körpersicherheit

Aggression und Gewalt sind Fakten, mit denen wir täglich in unserer Gesellschaft konfrontiert werden. Oft stehen Eltern, Erzieher und Lehrer Aggressions- und Wutausbrüchen von Kindern hilflos gegenüber.

»Sein übersteigerter Bewegungsdrang stört den Unterricht permanent«, beklagt sich eine Lehrerin beim Elterngespräch über einen Jungen. »Er weiß nicht, wo er mit seiner Kraft hin soll«, äußert seine Mutter.

Immer häufiger wird versucht, aggressives Verhalten mit Sanktionen und Verboten wieder in den Griff zu bekommen. Doch was hinter der Aggression eines Kindes steckt und was tatsächlich die Ursache ist, bleibt der Erwachsenenwelt meist verborgen. Wenn die Hintergründe aber nicht beleuchtet werden, erzeugen wir mit Eingrenzung und Verboten nur noch mehr Gewalt. Wir halten es für sehr bedenklich, wenn in jüngster Zeit Lösungswege angeboten werden, die mit Repression und Verdrängung einhergehen – diese Art von Pädagogik könnten wir zu Recht »Unterdrückungspädagogik« nennen. Ihre Methoden bringen Menschen hervor, die dann, wenn sie als Erwachsene selbst bestimmen dürfen, umso mehr auf Unterdrückung setzen.

Erwachsene unterliegen häufig dem Irrtum, das Verhalten eines Kindes ausschließlich über den Intellekt (siebte Stufe der Gehirnentwicklung) wahrnehmen und beurteilen zu wollen. Daher entgeht ihnen die Bandbreite der Verhaltensmöglichkeiten, die die Stufe der Körpersicherheit bietet – aus einem rein intellektuellen Blickwinkel kann dies nicht erkannt werden. Phlegmatisches und stures Verhalten bis hin zur Bewegungslosigkeit werden als weitaus weniger auffällig wahrgenommen: Kaum jemand würde vermuten, dass dieses Verhalten nur der andere Pol der Aggression ist. So äußert sich eben die Bandbreite der Körpersicherheit.

Kinder, die beispielsweise als Bettnässer bezeichnet werden, können oft Körperspannung und Entspannung nicht wahrnehmen und steuern. Auch Kinder, die in vielen Situationen mit Schlagen, Beißen oder Kratzen reagieren, können ihre Körperkraft nicht steuern. Zum richtigen Zeitpunkt agieren und reagieren, Körperkraft einsetzen und Körperkraft zurücknehmen zu können, das sind die Fähigkeiten, die auf der Stufe der Körpersicherheit entwickelt werden.

Die Wurzel für Körpersicherheit liegt in der kriechenden Überkreuzbewegung (Reptilienstufe), die das vier bis acht Monate alte Kind in seiner motorischen Entwicklung durchläuft.

Die kriechende Überkreuzbewegung (Krabbeln mit dem Bauch am Boden) baut auf die Erfahrung der Ursicherheit (Bauch am Boden) und das Vorwärtsrobben der Erlebnissicherheit auf, dadurch kann sich die Kraft des ganzen Körpers entfalten, die das kraftvolle Vorwärtskriechen ermöglicht. Letzteres ist die Vorstufe zum Krabbeln, maßgebend für die synaptische Vernetzung unserer rechten und linken Gehirnhälfte, und schafft damit die Voraussetzung der nächsten Evolutionsstufe, nämlich der Gefühlssicherheit.

Fehlende Körpersicherheit verhindert die Verbindung zwischen Bewegung und Gefühl und löst eine Blockierung zwischen Kleinhirn und limbischem System (dem für Emotionen zuständigen Teil des Gehirns) aus, was oft Auslöser und Ursache für Hyperaktivität ist.

Allzu schnell werden Kinder mit übersteigertem Bewegungsdrang als hyperaktiv, nicht schulfähig, schwer erziehbar oder verhaltensauffällig bezeichnet und mit Medikamenten (Stimulanzien) behandelt. Welche Spätfolgen eine medikamentöse Behandlung haben kann, wird außer Acht gelassen. Hier bietet die Evolutionspädagogik andere Hilfestellungen an und ist sich mit dem Neurobiologen Gerald Hüther[4] einig, dass medikamentöser Einsatz nur als Notfallmedizin und nicht als Dauerbehandlung in Betracht kommen sollte.

Das Training: Übungen zur Stabilisierung der Körpersicherheit

Es gibt viele Reaktionsspiele, mit denen Körpersicherheit geübt werden kann. Und schon ein einfaches Kindergartenspiel wie *»Fang die Maus«* (oder »Spitz pass auf«) erfordert genau jenes Reaktionsvermögen, auf das es ankommt:

Sechs kleine Holzmäuse haben jeweils verschiedene Farbschwänze. Ein Becher und ein Farbwürfel werden für das Spiel benötigt. Ein Spieler beginnt und würfelt eine Farbe. Blitzschnell muss er mit dem Becher die Maus einfangen, deren Schwanz die Farbe des Würfels hat. Ziel ist es, die eigene Maus nicht einfangen zu lassen: Sie muss ganz schnell am Schwanz zurückgezogen werden.

Eine weitere Reaktionsübung ist das rechtzeitige *Auffangen eines Papierblatts*, das zwei Personen miteinander ausprobieren können. Einer hält mit Daumen und Zeigefinger ein Blatt Papier fest und lässt es plötzlich los. Sein Gegenüber muss nun das Papierblatt mit Daumen und Zeigefinger fangen, bevor es zu Boden fällt. Die Übung wird so lange wiederholt, bis das Auffangen gelingt. Die sprachliche Variante lautet: »Sei ganz ruhig ... und jetzt leg los!«

Das Erfahren der eigenen Reaktionsfähigkeit bedeutet:

- Ruhe und Bewegung steuern zu können.
- Die Reaktionsfähigkeit zu trainieren.

Aufmerksam sein und zum richtigen Zeitpunkt loslegen sind Fähigkeiten, die bei vielen Reaktionsspielen erforderlich sind, sodass Körpersicherheit dadurch trainiert werden kann. Erst bewegungslos sein, ruhig, dann gemächlich, reaktiv, aufmerksam, gespannt sein und schließlich in Aktion treten sind Abläufe, die Körpersicherheit ausmachen.

Dazu ein Fallbeispiel:

Ein neunjähriger Junge nässt jede Nacht ins Bett ein. Tagsüber ist er ständig in Aktion und kommt kaum zur Ruhe. Nur im Schlaf gelingt Entspannung. Ruhe und Bewegung zu steuern fällt ihm schwer. Bei Reaktionsspielen hat er Schwierigkeiten. Deshalb üben wir in der Beratung das »Papierfangen«. Über das tägliche Training dieser Reaktionsübung lernt der Junge, allmählich mit Ruhe und Bewegung, mit Spannung und Entspannung umzugehen, sodass das ursprüngliche Symptom Bettnässen verschwindet.

Hyperaktivität: Das Reptiliengehirn spielt verrückt

Was ist Hyperaktivität? Woran erkennt man sie? Aufmerksamkeitsdefizit/Hyperaktivitätsstörung (ADS bzw. ADHS)[5] sind Begriffe, mit denen man versucht, Kinder mit überschießender Impulsivität, eingeschränktem Zeitgefühl, Reaktionshemmung, motorischer Unruhe und mangelnder Aufmerksamkeit, Konzentrationsschwierigkeiten und übersteigertem Bewegungsdrang zu beschreiben. Viele Kinder können »den Aufmerksamkeitsschalter« im Kopf nicht an- und abschalten. Von zahlreichen Reizen, die auf sie einwirken, gelingt es ihnen nicht, die jeweils wichtigen auszuwählen. Es fällt ihnen schwer, sich auf das zu konzentrieren, was momentan abläuft. Es bereitet ihnen Schwierigkeiten, etwas zu tun, was keinen Kick bietet, ihre Sinne nicht reizt oder keine sofortige Befriedigung verspricht. Wie beim Surfen im Internet hüpfen sie schnell von einem Angebot zum nächsten; wenn es ihnen zu kompliziert wird, verharren sie nicht, sondern wechseln zu etwas anderem über. Denn sich zu konzentrieren, ist anstrengend.

ADHS bedeutet konkret: Das Kind kann sich selbst nicht zuhören, es kann nicht innehalten, um zu überlegen; es kann sein Handeln nicht einmal ein Weilchen aufschieben, so dass ihm vorausplanen unmöglich wird. Unsere Erfahrung mit der Methode der Evolutionspädagogik hat gezeigt, dass ein Kind, das in seinem Reptiliengehirn (Kleinhirn) gefangen ist, kein Ende findet: Es kann nicht innehalten, um seine Aufmerksamkeit auf irgendeinen Aspekt der Zukunft zu richten. Es kann über sein Verhalten nicht reflektieren und über das Gesagte nicht nachdenken.

Das Üben von Innehalten und Nachdenken, schweigen, um sich selbst zuzuhören, das Tempo zu drosseln, lernen sich zu besinnen und bei einem Gedanken verweilen, schafft die Voraussetzung dafür, dass später Verständnis, Einfühlungsvermögen, Kooperationsfähigkeit und der Umgang mit Regeln gelernt werden kann. Um nachdenken zu können, müssen wir innehalten können. Innehalten ist die Basis für Reflektionsfähigkeit.

Aber auch hier müssen wieder beide Verhaltensweisen (Gegenpole) berücksichtigt werden: Innehalten *und* Loslegen. Unterdrücken wir beispielsweise die Kraft und die Bewegung, so verstärkt sie sich. Ziel ist es, die blockierten Verhaltensweisen, also das Festhängen, zu lösen und beides, innehalten und loslegen, zu trainieren. Denn wir alle kennen den Satz: »In der Ruhe liegt die Kraft.« Dies bedeutet aber nicht Ruhe *oder* Kraft, sondern Ruhe *und* Kraft. Es fällt uns immer wieder schwer zu erkennen, dass wir beides brauchen. Stattdessen wird häufig versucht, Kraft und Aggression zu bekämpfen und zu unterbinden, statt sie zuzulassen und mit ihnen positiv umzugehen.

Daher ist es notwendig, Ruhe und Kraft als die beiden Verhaltensweisen auf der Bandbreite der Reptilienstufe zu begreifen. Viele Auffälligkeiten wie Bettnässen, Fingernägelkauen, Tätlichkeiten haben ihre Ursache in der einseitigen Aggressionsunterdrückung. Auch Selbstverletzungsverhalten, unbewusstes Sich-selbst-Schädigen gehört dazu.

Wenn man fähig ist, sowohl innezuhalten als auch loszulegen, sind die Grundlagen für die spätere emotionale Entwicklung und Intelligenz gelegt.

Innehalten ist z.B. die Voraussetzung, um das eigene Verhalten zu strukturieren, Moralempfinden zu entwickeln, die Vergangenheit und Zukunft in die eigenen Überlegungen einbinden zu können.

Wer im Reptiliengehirn festgefahren ist, hat keine Möglichkeit, Gefühle zu erkennen geschweige denn darauf zu reagieren. Es hat also gar keinen Sinn, an die Gefühle zu appellieren. Das Reptiliengehirn ist zuständig für Kraft und Reaktion. Diese Kraft ist gegenwärtig, ob sie eingesetzt wird oder nicht. Sie ist eine fundamentale Lebenskraft.

Ohne die Möglichkeit, die Folgen des eigenen Handelns abzuschätzen, ist kein zielgerichtetes Vorgehen und keine Selbstbeherrschung möglich. Im Chaos des überstürzten Handelns können Wertmaßstäbe und Grundsätze gar nicht erst entstehen. Ein Kind, das auf diese Weise durchs Leben stolpert, bekommt keine Übung darin, die Bühne seines Denkens zu nutzen, um mit den Elementen der Realität zu jonglieren und auf diese Weise neue Erfahrungen zu sammeln. Es hat keine Strategie, seine Probleme zu lösen.

Das Erzählen von *Märchen und Geschichten* bietet eine gute Möglichkeit, durch aktives Zuhören das Innehalten zu trainieren. Innehalten schafft die Voraussetzung für reflektiertes Handeln: Es ermöglicht, sich von momentanen Reizen zu lösen, Wut und Ärger können gezähmt werden und es entsteht die Fähigkeit, zwischen Reiz und Reaktion ein Verzögerungsintervall einzuschieben.

Die zwei Gesichter der Aggression

Aggression ist in allen Erziehungsbereichen ein großes Thema. Im pädagogischen Alltag wird häufig versucht, Aggression über Vernunft zu steuern und zu verhindern. Eine solche Strategie wird jedoch wenig Erfolg haben und zwar bei keinem der beiden Erscheinungsbilder der Aggression – denn Aggression hat zwei Gesichter.

Auf der Stufe der Körpersicherheit ist sie impuls- und kraftgesteuert. Sie gleicht einem Rundumschlag. Ist ein Kind in seiner Körpersicherheit blockiert, dann ist ausschließlich Aggression die Antriebsfeder für Kraft. Wenn Aggression mit Druck (also Gegenkraft) unterbunden werden soll, wird sie verstärkt. Um die Blockade auf der Stufe der Körpersicherheit zu lösen – um zu erreichen, dass Aggressionen über den Kräfteeinsatz und Regeln gesteuert werden können –, eignen sich Kampf- und Kraftsportarten.

Das zweite Erscheinungsbild der Aggression beruht auf negativen Erfahrungen. Es ist somit emotionsgesteuert und richtet sich auf bestimmte Personen und Dinge. Diese Blockade zeigt sich im Mangel an Gefühlssicherheit. Aggression ist dann ein Ventil für negative Erfahrungen, die immer wieder abgerufen werden. Dem Kind steht keine andere Gefühlswelt zur Verfügung. Hier ist es notwendig, Situationen zu schaffen, in denen das Kind positive Erfahrungen erleben kann – Erfolgserlebnisse und Lob ersetzen das eingefahrene Verhaltensmuster. Und dann erst kann zur Gefühlssicherheit übergegangen werden.

Im Umgang mit Aggression ist es also zuerst einmal wichtig zu unterscheiden: Gleicht die Aggression einem Rundumschlag oder ist sie zielgerichtet? Um dem Kind über die Blockade zu helfen, kann dann eine Ausbalancierung auf der Ebene der Körpersicherheit (siehe Seite 59) oder auf der Ebene der Gefühlssicherheit (positives Feedback und Erfolgserlebnisse) erfolgen.

KAPITEL 4

DIE GEFÜHLSSICHERHEIT

Definition

Gefühlssicherheit bedeutet Emotionen bewusst wahrzunehmen, das Gefühl für Distanz und Nähe zu haben und dies zu spüren. Sie ist die Voraussetzung dafür, dass zwischenmenschliche Beziehungen und Lernen gelingen.

Orientieren wir uns an den Gehirnentwicklungsstufen, so kommen wir nach der Ursicherheit, Erlebnissicherheit und Körpersicherheit zur Gefühlssicherheit, das heißt zu der Stufe, in der wir unser Handeln emotional bewerten, unser Gedächtnis steuern und Entscheidungen treffen können. Diese Entwicklungsstufe, in der Gefühle bewusst erlebt werden, findet bei Kindern vom 15. Lebensmonat bis ungefähr zum vierten Lebensjahr statt. Es ist die Zeit, in der das Kind das Verhalten seiner engsten Bezugspersonen (Mutter, Vater, Geschwister ...) bewusst wahrnehmen lernt, alle Erfahrungen und Eindrücke sammelt und in sich aufsaugt.

Erst jetzt wird vom Kind erkannt, dass Gefühle jegliche Entscheidung beeinflussen. Positive wie negative Erfahrungen bestimmen nun das Verhalten eines Kindes. Dazu ein Beispiel: Ein Kleinkind, das die Erfahrung gemacht hat, sehr lange allein im Zimmer gelassen worden zu sein, obwohl es nach der Mutter gerufen hat, wird sich aufgrund dieser negativen Erfahrung weigern, wieder allein im Zimmer zu bleiben. Es wird weinen und sich dagegen wehren, oder es zieht den Schluss: »Meine Gefühle sind nicht wichtig.«

Die Bandbreite der Gefühlssicherheit

Auf dieser Stufe beginnt Lernen im bewussten Sinne. Die Lust, etwas zu erleben oder zu tun, die Lust, etwas zu leisten und wahrgenommen zu werden, oder die Lust, Aktivitäten bewusst zu wiederholen – all das entwickelt sich allmählich und wird zur grundlegenden Lernvoraussetzung. Lernen kann aber nur in emotionaler Sicherheit gelingen. Erst dann können wir aus der Determiniertheit heraustreten, um die eigenen Gestaltungsmöglichkeiten zu entdecken. Dieser Prozess kann schon mit dem »schlichten« Bauen mit Legosteinen einsetzen – das heißt mit einem zarten, aber unerlässlichem Pflänzchen kann die Ich-Werdung beginnen.

Körperbeherrschung, Koordinationstraining und das Zusammenspiel von Bewegung und Sinnen sind wichtige Entwicklungsschritte dieser vierten Gehirnstufe. Sie sind die Basis für die Hand-Augenkoordination, für die Kombination von Spüren, Hören, Sehen und Riechen.

Die Augen spielen dabei eine große Rolle. Augen sind ja von ihrer Funktion her Muskeln. Diese Muskeln stehen mit der Gesamtmuskulatur des Körpers in Verbindung. Hat der Mensch ein unsicheres Körpergefühl beziehungsweise Körperempfinden (mangelndes Gleichgewicht), dann müssen die Augen diese Unsicherheit ausgleichen. So erzeugt Unsicherheit im Gehen häufig eine Verspannung der Augenmuskeln.

Was im Körper unsicher ist, müssen die Augen ausgleichen.

Angst kann sich also durch körperliche Unsicherheit negativ auf die visuelle Wahrnehmung auswirken. In der Evolutionspädagogik sprechen wir von »freien Augenbewegungen«. Sie sind notwendig, damit die Vorstellungskraft, das innere Sehen und die äußere Wahrnehmung optimal gelingen können. Diese Visualisierungsfähigkeit spielt bei vielen Verarbeitungsprozessen im Gehirn eine wichtige Rolle.

Ein guter Rechtschreiber hat z.B. eine gute Visualisierungsfähigkeit (Bildvorstellung). Auch beim Kopfrechnen sind wir auf diese Fähigkeit angewiesen.

Lernen ist ein fortschreitendes Koordinationstraining: vom Wahrnehmen zum Empfinden, Bewerten und Handeln.

Sich seiner eigenen Gefühle sicher sein und ihnen vertrauen, die eigenen Bedürfnisse wahrnehmen können, das heißt auch das Gefühl für Distanz und Nähe zu haben und zu spüren: Wann ist Distanz, wann Nähe erforderlich? Das Kampf- und Fluchtverhalten von Säugetieren kann hier als anschauliches Beispiel dienen: Eine Katze weiß genau, wem sie sich nähern kann und wann sie Abstand halten muss. Ohne Distanz- und Nähe-Gefühl können Empfindungen nicht umgesetzt werden. Übersteigerte Kontaktfreudigkeit oder extreme Zurückhaltung sind die Folge.

Das Nähe- und Distanzverhalten eines Kindes gibt uns Aufschluss über sein Lernverhalten.

Aus unserer Praxiserfahrung können wir daher auf dieser Stufe zwei Lernverhaltensweisen beschreiben:

- Ein Kind, das Schwierigkeiten hat, Kontakte zu knüpfen, ist in Stresssituationen langsam und angespannt. Es will die Aufgaben lösen, indem es sehr genau arbeitet. Aber es fehlt ihm der Überblick.
- Das kontaktfreudige, eher distanzlose Kind gerät unter Stress schnell in Ungenauigkeit und es fehlt ihm die Konzentration aufs Wesentliche.

Beiden Kindern kann mit den Übungen zur Gefühlssicherheit dazu verholfen werden, sowohl konzentriert und genau zu arbeiten als auch kontaktfreudig zu sein – je nachdem, was die jeweilige Situation erfordert.

Das Training: Übungen zur Stabilisierung der Gefühlssicherheit

Eine automatische Türe im Supermarkt oder Kaufhaus ist auf eine bestimmte Reaktionszeit eingestellt. Gehen wir zu schnell auf die Tür zu, ist sie noch geschlossen, wenn wir ankommen. Sind wir zu langsam, schließt sie sich wieder, bevor wir durchgehen können.

Mit einem *Partnerspiel*, das eine solche Automatiktür nachempfindet, kann Nähe und Distanz erfahren, gespürt und trainiert werden: Zwei Personen stehen sich gegenüber. Einer streckt beide Arme parallel nach vorne, bewegt gleichmäßig die ausgestreckten Arme zur Seite und dann wieder nach vorn. Diesen Bewegungsablauf wiederholt er ständig in einem gleichmäßigen Rhythmus – öffnen und schließen. Der Partner ist etwa fünf Schritte entfernt, geht auf sein Gegenüber zu und versucht nun immer mit der einmal gewählten Geschwindigkeit gleichmäßig in die geöffneten Arme hineinzulaufen. Gelingt dies, so ist das Gefühl für Nähe und Distanz im Gleichgewicht, gelingt es nicht, wird die Übung wiederholt.

Auch das *Krabbeln aus dem Vierfüßlerstand* ist eine gute Übung für Kinder, um die Flexibilität in ihrer Bewegung und damit auch die Flexibilität ihres Verhaltens zu erweitern.

Sich selbst als Handelnder zu erkennen, schafft die Möglichkeit, Nähe und Distanz situationsbezogen einzusetzen.

Dabei kann erfahren werden:

- Beziehung erfordert eine flexible Handhabung von Nähe und Distanz.
- Jede Beziehung, jede Situation ist anders.
- Die eigene Bewegung (Geschwindigkeit) muss an jede Situation angepasst werden. In der obigen Übung wird genau das trainiert.

Gehirnstruktur und Händigkeit

Unternehmen wir einen kleinen Exkurs in Gehirnkunde: Ein wesentliches Merkmal des menschlichen Großhirns ist die Tatsache, dass es asymmetrisch angelegt ist. Das heißt: Es gibt in unserem Gehirn eine eindeutige Zuordnung von Fähigkeiten in der linken oder rechten Gehirnhälfte. Am deutlichsten wird dies bei der Sprache und der Händigkeit.

Durch das so genannte Sprachhirn, das bei 90 % der Bevölkerung in der linken Gehirnhälfte liegt, erleben wir die Sprache und sind imstande, analytische Zusammenhänge zu erkennen. Auch unsere Feinmotorik ist dort angelegt. Diese Gehirnhälfte arbeitet zeitorientiert und geht ins Detail. Die rechte Gehirnhälfte hingegen, das so genannte Gestalthirn, ist für unsere gestalterischen und handwerklichen Fähigkeiten zuständig. Raumorientierung, Grobmotorik, Kreativität und Emotionen werden von der rechten Hemisphäre gesteuert.

Die neurologische Steuerung arbeitet diagonal, die linke Körperseite wird also von der rechten Hemisphäre und rechte Körperseite von der linken Hemisphäre gesteuert. Damit diese Steuerung optimal funktioniert, muss die neurologische Vernetzung zwischen den Hemisphären aktiv sein. Die Hauptverbindung dieses Nervenstrangs im Gehirn nennt man Corpus Callosum.

Lernschwierigkeiten treten dann auf, wenn der Informationsfluss zwischen den Hemisphären blockiert ist, denn optimales Lernen gelingt nur dann, wenn das Potenzial beider Gehirnhälften genutzt werden kann.

Wenn aber eine bestimmte Form von Stress den Informationsfluss und die Informationsverarbeitung blockiert, können wir uns unserer intellektuellen, emotionalen und motorischen Fähigkeiten nicht bedienen.

In der Praktischen Pädagogik sprechen wir in einem solchen Fall von einer Rechts-Links-Blockade.

Die traditionelle Pädagogik betrachtet diese »stressbedingten« Ausfälle als ein Zeichen mangelnder Intelligenz, Unfähigkeit, Bequemlichkeit oder Ignoranz, statt die Aufgabe und Herausforderung der Pädagogik darin zu sehen, etwas gegen diese Blockaden zu tun. Und etwas gegen die Blockaden zu tun, heißt Bedingungen für ein »stressfreies Lernen« zu schaffen, indem man neurologische Erkenntnisse in die praktische Arbeit mit einbezieht und so erkennt, was tatsächlich hinter der Lernschwierigkeit steckt. Aus unserer Erfahrung als Lernberater können wir eindeutig sagen:

Hinter dem Stress liegen die Fähigkeiten.

Schreibhand und Sprachgehirn

Begeben wir uns auf einen kleinen Ausflug in den Bereich der Händigkeit: Die Schreibhaltung eines Kindes gibt uns Aufschluss über die Hemisphärenanordnung. So deutet eine invertierte Schreibhaltung (eingedrehte Schreibhand) oft darauf hin, dass die Schreibhand und die Sprachhemisphäre des Gehirns auf der gleichen Seite liegen. Die Kinder schreiben dann mit der grobmotorischen Hand, was sich im Schriftbild erkennen lässt (große Schrift, die nicht im Fluss ist). Viele Lern- und Verhaltensprobleme (z.B. Langsamkeit, Unruhe, Konzentrationsschwierigkeiten) haben hier ihre Ursache. Dies kann sowohl für Rechtshänder als auch für Linkshänder zutreffen.

Liegen Schreibhand und die Sprachhemisphäre auf der gleichen Körperseite, dann sprechen wir in der Praktischen Pädagogik von einer Mischform: d.h. also, dass die Funktionen der Gehirnhälften nicht ihrer typischen Anordnung entsprechen (siehe Abb. Seite 79).

»Mischform« bedeutet, dass Sprachareale und Schreibhand auf der gleichen Körperseite liegen.

Traditionell wird von eindeutiger Links- oder Rechtshändigkeit ausgegangen. Unsere Erfahrungen und die Forschungsergebnisse vieler Wissenschaftler belegen aber, dass diese Annahme nicht grundsätzlich gilt.

In unserer praktischen Arbeit konnten wir feststellen, dass ein Großteil der Kinder mit Lernproblemen keine eindeutigen neurologischen »Schaltungen« zwischen Sprachgehirn und gewählter Schreibhand hat. Die Regel ist jedoch, dass die Schreibhand dem Sprachgehirn (linke Gehirnhälfte) gegenüber liegt. Selbst bei einem konsequenten Linkshänder ist dies so geregelt (hier ist die Sprache dann rechts angesiedelt, also der Schreibhand gegenüber liegend).

Wie schon erwähnt, konnten wir feststellen, dass dies bei Kindern mit Lern- und Verhaltensproblemen häufig anders organisiert ist. Sprachgehirn und Schreibhand liegen dann auf derselben Seite. Deshalb haben wir den Begriff Mischform gewählt. Diese Schüler sind unseren Erfahrungen nach in der Regel überdurchschnittlich begabt, aber sehr anfällig für Stress und Blockaden.

Befragungen der Eltern in vielen Lernberatungssitzungen haben eindeutig ergeben, dass diese Mischformen immer dann auftreten, wenn in der Familie auch Linkshändigkeit vorkommt. Dies bezieht sich nicht nur auf die Eltern, sondern auch auf die Geschwister der Eltern und Großeltern.

Die Mischform ist eine eigene Variante und darf – ebenso wie »normale« Linkshändigkeit – nicht von außen verändert werden. Es scheint so zu sein, dass die Evolution diese Form braucht, um Genialität hervorzubringen. Unser Schulsystem reagiert aber darauf meist mit Unkenntnis. Häufig werden Fehldiagnosen gestellt. Wenn dann ein Kind auf Grund der Fehldiagnose auf rechts oder links umtrainiert wird, kann dies zu enormer Verunsicherung im emotionalen und motorischen Bereich führen. Ein solcher Eingriff in die neurologisch festgelegte Struktur kann weitreichende Folgen haben. Die einmal vom Kind selbst (bzw. von seinem Gehirn) festgelegte Links- bzw. Rechtshändigkeit darf also nicht von außen über feinmotorische Übungen umtrainiert werden.

Kinder, die von einer Mischform betroffen sind, sind stressanfälliger, aber auch meist überdurchschnittlich intelligent.

Kinder mit einer Mischform der Gehirnstruktur haben einen hohen Koordinationsbedarf. Erhalten sie keine Hilfe, neigen diese Kinder zu folgenden Schwierigkeiten:

- Schwierigkeiten beim systematischen Denken,
- Schwierigkeiten im Umgang mit Regeln,
- Rechtschreib- und Rechenprobleme.

Über die Evo-Übungen (siehe *Das bewegte Gehirn*[6]) und die sieben Sicherheiten finden sie ihr Gleichgewicht.

In der Schule bemühen sich diese Kinder, den Anforderungen gerecht zu werden, haben aber auf Grund ihrer anderen Verarbeitungsstrategie und Wahrnehmung Probleme so zu lernen, wie es die Lehrpläne und unser Schulsystem vorgeben. Ihre eigentlichen Talente und Fähigkeiten können so nicht zur Entfaltung kommen, da sie zu sehr damit beschäftigt sind, sich dem System anzupassen.

> Nichts vermag die Motivation und den Arbeitsantrieb derart nachhaltig zu ruinieren wie ausbleibende positive Rückmeldungen.
>
> *Joachim Bauer*

Hierzu ein Beispiel aus der Praxis:

Der 8-jährige Steffen hat Rechtschreibprobleme und ein unruhiges Schriftbild. In einem speziellen Institut wurde er getestet – mit dem Ergebnis: Steffen habe sich irrtümlich an die Rechtshändigkeit angepasst. Dies sei der Grund für seine Schwierigkeiten. Die Mutter kam nun in die Beratungsstunde mit der Bitte, den Jungen bei der Umerziehung auf links mit Übungen zu unterstützen. Mit den Methoden der Praktischen Pädagogik ließ sich schnell feststellen, dass der Junge eine mischdominante Struktur hatte, auf die seine Schwierigkeiten zurückzuführen waren. Wir empfahlen daher, den Jungen nicht umzuerziehen, da dies bedeutet hätte, massiv in seine Gehirnstruktur einzugreifen.

Er bekam zur Aufgabe, über drei Wochen verschiedene Bewegungsabläufe durchzuführen (z.B. Krabbeln, Krabbelstand mit Anheben des rechten Arms und linken Beins im Wechsel, Krabbeln mit Kopfdrehen in verschiedene Blickrichtungen, Klettern an der Kletterwand oder in Seilnetzen usw.). Ziel war, sein Gehirn sich selbst strukturieren zu lassen.

Nach drei Wochen kam er nochmals in die Beratung und berichtete ganz stolz, dass er immer noch rechts schreibe, seine Schrift aber nun ganz prima sei und er sich sehr wohl fühle. Das Gehirn hatte also selbst den optimalen Ablauf gefunden.

Die Gehirnforschung hat bisher viel über die Informationsverarbeitung unseres Gehirns entschlüsseln können, wir können dies aus unserer Praxiserfahrung nur bestätigen. Demnach lautet unser Appell dringend, dieses Wissen in der Pädagogik praktisch umzusetzen.

Positive Folgen der Mischform:

- Geniale Ideen haben
- Intuitives Erfassen von Situationen
- Künstlerische und musische Talente

Beziehung zwischen Händigkeit und Sprachgehirn

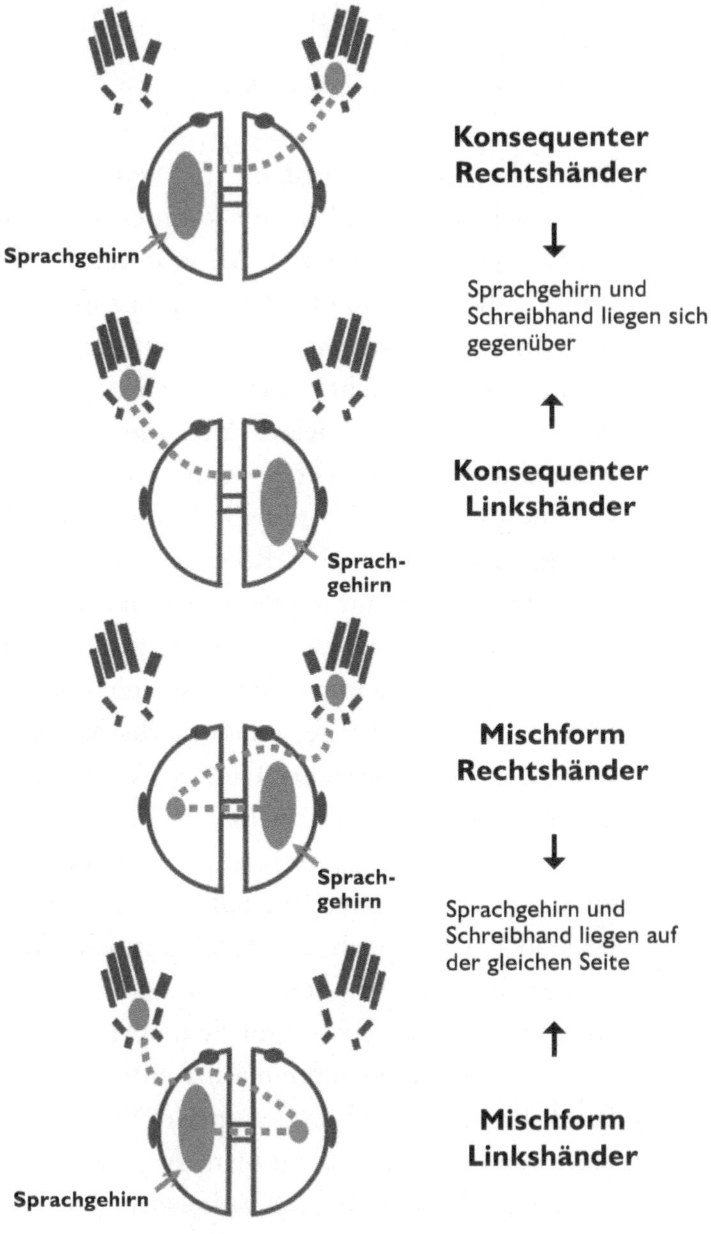

Mit diesem pädagogischen Modell von Beziehung zwischen Gehirnstruktur und Händigkeit arbeitet die Evolutionspädagogik.

Legasthenie – Der »Bildschirm« im Gehirn ist abgeschaltet

Unter Legasthenie versteht man eine Lese-/Rechtschreibschwäche (LRS). Wir konnten feststellen, dass bei Legasthenikern die sog. Mischstruktur überproportional häufig vorkommt. Die dadurch auftretenden Koordinationsprobleme im Gehirn – mit körperlicher Auswirkung wie z.B. nicht konsequente Steuerung der Händigkeit – blockieren viele Kräfte, legen die Kreativität lahm und führen zu Schreib- und Leseproblemen.

Eine gute Körperkoordination ist für das Lernen notwendig. Menschen mit LRS-Problemen sind dauernd damit beschäftigt, ihr »System« auszubalancieren, es im Gleichgewicht zu halten. Dies führt z.B. dazu, dass häufig die Augen wichtige Aufgaben nicht übernehmen können, da sie mithelfen müssen, das Körpergleichgewicht zu halten. Sie stehen dann für Visualisierungsaufgaben (Bildvorstellung) nicht zur Verfügung. Dies ist aber in der Regel keine Sehschwäche, sondern ein Defizit im »inneren Sehen« (Vorstellungsgabe) – wir empfehlen jedoch immer auch eine Abklärung beim Augenarzt.

Visuell wahrzunehmen ist eine zentrale Fähigkeit für stressfreies, gutes Lesen und Schreiben. Das Wortbild muss erkannt, aufgenommen und entschlüsselt werden. Blockaden liegen oft hinter speziellen Sehquadranten. Erkennbar wird das, wenn beim Augenkreisen die Augen an bestimmten Stellen weiterspringen – es ist kein fließendes Kreisen möglich. Dabei spielt der mögliche Blickwinkel eine zentrale Rolle. Er ist dafür verantwortlich, wie viel auf einen Blick gesehen werden kann und wie genau das Gesehene erkannt wird. Der Gehirnforscher John J. Ratey meint dazu: »Mehrere Wahrnehmungsstudien haben bestätigt, dass Legastheniker visuelle Informationen langsamer verarbeiten als andere Menschen. So haben sie beispielsweise Schwierigkeiten, die Reihenfolge von zwei rasch aufeinander folgenden Reizen zu bestimmen, sie erkennen dieselben Reize aber problemlos, wenn man sie ihnen langsam vorführt.«[7]

Machen Sie selbst einen kleinen Test: Nehmen Sie einen Text (Buch oder Zeitschrift) und schauen Sie ganz kurz auf eine Zeile. Wie viele Buchstaben, Wörter konnten Sie bei diesem blitzartigen Hinsehen erkennen? Je mehr Sie erkannt haben, desto schneller können Sie lesen und umso besser verstehen Sie den Text im Zusammenhang. Sie haben dann einen großen Blickwinkel. Ein kleiner Blickwinkel hemmt die Lesegeschwindigkeit und erschwert stark das Leseverständnis.

Wenn die Fähigkeit zu visualisieren blockiert ist, bevorzugt man das Hören (auditive Wahrnehmung). Das Wort wird dann geschrieben, wie man es hört bzw. spricht, weil das visuelle Wortbild nicht vorhanden ist. Bei schwierigen Wörtern wie z.B. solchen mit Buchstabenverdoppelungen, stimmlosen Buchstaben oder Fremdwörtern ist allerdings das auditive System alleine überfordert. Wenn nun zu dem Gehörten noch das im Gehirn gespeicherte Wortbild dazukommt, hat das Kind keine Schreibprobleme – es wird sich selbst sagen können: »Ja, das fühlt sich gut an, so ist es richtig.« Dem Legastheniker aber fehlt diese Überprüfungsmöglichkeit. Bezogen auf die Rechtschreibung und Merkfähigkeit hat dies negative Auswirkungen. Somit sind Probleme vorprogrammiert, vor allem wenn Dialekt gesprochen wird oder eine Fremdsprache erlernt werden soll.

Abläufe im Gehirn beim Schreiben:

- Man hört das Wort und spricht es innerlich nach.
- Man sieht es vor dem »inneren Auge«.
- Aus auditiven und visuellen Signalen entsteht ein Wortbild.
- Man spürt und sieht, wie das Wort aussehen muss.

Kann man sich ein Wort gut vorstellen, fällt es leicht, es richtig zu schreiben, denn der Mensch begreift die Welt über die Sinne.

Schreiben geschieht über das Sehen und Fühlen (Visualisieren). *Krabbeln* und *Nähe-Distanz-Spiele* schaffen die körperliche Voraussetzung für die Fähigkeit zu visualisieren. Eine weitere Möglichkeit bietet das *Blitzwortspiel*: Ein Wort wird auf einen Papierstreifen geschrieben und dem Kind kurz (blitzartig) gezeigt. Das Kind soll dann das Wort aus der Erinnerung schreiben.

> Das Gehirn wird durch das geformt, was es wahrnimmt. Wir können unser Gehirn daher besser in Form bringen, wenn wir uns darüber klar werden, was und wie wir wahrnehmen. Wenn wir besser verstehen, wie wir sehen, hören, fühlen, riechen, ja sogar schmecken, erfahren wir mehr darüber, wie wir in dieser Welt funktionieren.
>
> *John J. Ratey*

Dyskalkulie: »Ich weiß nicht, wo links und rechts ist«

Wie die Legasthenie hängt auch die Dyskalkulie (Rechenschwäche) mit der Gehirnstrukturierung zusammen. Die Grundursache liegt in einem nicht verankerten Rechts-Links-Bewusstsein und der mangelnden Wahrnehmungsfähigkeit von Symbolen.

Mathematische Probleme können auf verschiedene Weisen ausgedrückt werden – in Text- oder in Symbolform, z.B.: »Hans bekommt sieben Euro die Stunde und zusätzlich neun Euro Trinkgeld. Wie viel verdient Hans, wenn er sechs Stunden arbeitet?« Als Formel ist die Aufgabe kürzer: 7 h + 9 = V, h = 6,V = ?

Mit beiden Versionen haben Psychologen Schüler konfrontiert. Es ließ sich zeigen, dass für die Lösung von Text- und Formelaufgaben unterschiedliche Hirnregionen herangezogen werden: Textaufgaben verursachten eine erhöhte Aktivität in der vorderen linken Gehirnhälfte. Schüler, die mit der Formel arbeiten sollten, nutzten vermehrt den hinteren Teil des Gehirns. Dies entspricht den Regionen, in denen Sprache bzw. Symbole analysiert werden. Beide Regionen wurden von den unterschiedlichen Schülern gleich intensiv beansprucht, was sich darin spiegelt, dass beide Schülergruppen mit ihrer Aufgabe gleich intensiv beschäftigt waren und gleich schnell und richtig rechneten.

Wir können gar nicht oft genug darauf hinweisen, dass viele Diagnosen bei Schul-, Lern- und Verhaltensproblemen deshalb so fundamental falsch sind, weil sie sich daran orientieren, welches Ergebnis z.B. beim Lösen einer Aufgabe herauskommt, oder weil ein spezielles Verhalten einseitig psychologisch gesehen und bewertet wird. In der Evolutionspädagogik sagen wir dazu: »Bewertung aus dem siebten Gehirn«, dem intellektuellen, dem gesellschaftlich und kulturell geprägten Bewertungssystem.

Gibt der Schüler ein leeres Blatt ab, geht der Lehrer davon aus, dass der Schüler nichts weiß oder nicht will. Dies sind aber nur zwei von mehreren Möglichkeiten.

In der Evolutionspädagogik fragen wir in so einer Situation:

- Wie viel hat der Schüler von der Aufgabe wahrgenommen?
- Welche Emotionen löst die Aufgabe aus, an was erinnert sich der Schüler?
- Welche Schlüsse zieht er?
- Welche Körperhaltung und welches Körpergefühl hat er?

Die Basis für Lesen, Schreiben und Rechnen liegt auf der Stufe der Gefühlssicherheit.

Natürlich ist Lesen, Schreiben und Rechnen eine höchstkomplizierte Gehirnleistung. Die Basis aber, inwieweit diese Fähigkeiten gelingen, liegt auf der Stufe der Gefühlssicherheit und damit im Bereich des Raumverständnisses und der stressfreien Körper-Augen-Koordination. Diese entstehen, wenn die Kinder sich krabbelnd die Welt nahe bringen und dabei die verschiedensten Unterschiede erfahren. Erst dann können sie die Dinge, die sie auf ihren Krabbelrunden kennen gelernt haben, benennen. Denn wie der Gehirnforscher Ratey sagt: »Das Benennen lernen wir vor dem Lesen.«[8]

Dieselben Unsicherheiten, die Lese- und Rechtschreibschwächen verursachen, können auch zur Rechenschwäche (Dyskalkulie) führen, für die es zwei Erklärungen geben kann:

- Bei vielen Kindern tritt das Problem der Rechenschwäche zusammen mit LRS auf. Dem Gehirn ist es anscheinend egal, ob es sich beim Visualisieren um Buchstaben, Wörter oder Zahlen handelt – das sind für das Gehirn einfach alles Symbole. Bei diesen Kindern ist die Rechenschwäche also ein Visualisierungsproblem (siehe Legasthenie).
- Die zweite Erklärung lautet, dass die Kinder keine Vorstellung von der Wahrnehmung »links/rechts« haben, sie sind in ihrer eigenen Vorstellung, ihrem Körperempfinden nur einseitig vorhanden. Ein Kind, das rechts und links nicht unterscheiden kann, kann sich nicht orientieren und strukturieren und kann keine Polaritäten setzen. Es ist deshalb erforderlich, ein stressfreies Seitigkeitsverständnis einzutrainieren.

Übung zum Unterscheiden von rechts und links (Seitigkeitsverständnis):

Um links und rechts sicher unterscheiden zu können, braucht das Kind einen so genannten »körperlichen Anker«. Berühren Sie das Kind leicht an der linken Schulter und fordern Sie es auf, dabei laut »links« zu sagen. Dieser Vorgang wird in den folgenden Tagen mehrmals wiederholt. Diese Übung kann erweitert werden, indem man dem Kind dann kleine Aufgaben gibt wie z.B.: »Gib mir mit der linken Hand das Buch« oder »Bring mir eine Tasse aus dem Schrank rechts an der Wand« usw.

Fazit: Gerade Mathematik erfordert polaritätsbezogenes Denken. Die Grundlage dafür ist die Körperempfindung. Deshalb fordert die Evolutionspädagogik die Eltern auf, sehr viel mehr auf die Körperkoordination ihres Kindes zu achten.

KAPITEL 5

DIE GRUPPENSICHERHEIT

Definition

Gruppensicherheit bedeutet, mit den Regeln der Gemeinschaft vertraut zu sein und situationsbezogen zwischen Eigenständigkeit und Anpassung wählen zu können.

Die traditionelle Pädagogik definiert Gruppensicherheit als Sozialverhalten. Wie in vielen anderen Bereichen wird auch hier das Sozialverhalten eines Kindes sehr schnell beurteilt und bewertet. Die notwendigen Voraussetzungen dafür, dass soziales Verhalten gelingen kann, werden dabei kaum berücksichtigt. Sich in einer Gruppe einzufinden und sich dort auch sicher zu fühlen ist nur möglich, wenn die darunter liegenden Sicherheiten (Stufen 1 – 4) gefestigt sind. Ein Kind, dem Ursicherheit fehlt, wird nicht sicher sein im Erleben, wird nicht sicher sein im Bewegen, wird nicht sicher sein in seinen Gefühlen und wird nicht wissen, wie es sich in einer Gruppe verhalten soll.

Unsere Gesellschaft bietet nicht immer optimale Voraussetzungen, um Gruppensicherheit zu erfahren, zu erleben und weiterzugeben. Die Großfamilie wie zu Großmutters Zeiten gibt es nicht mehr. Familienauflösungen und Scheidungsdramen gehören zu unserem Alltag. Die Bereitschaft, der Wunsch oder die sozialen Voraussetzungen dafür, zwei oder drei Kinder zu haben, sind gering, so dass Einzelkinder oft in einer Erwachsenenwelt aufwachsen. Daher ist es umso mehr die Aufgabe der Pädagogik, unseren Kindern Gruppensicherheit zu geben und zu vermitteln.

Um jedoch Gruppensicherheit zu entwickeln, muss sich die Individualität eines Menschen herauskristallisieren. Gruppensicherheit und Individualität gehören zusammen. Bezogen auf unsere Gehirnentwicklungsstufen ist hier der Übergang vom limbischen System (Gefühle) zum Neokortex (Denken) gemeint. Wenn Fühlen und Denken zusammenkommen, wird die dreidimensionale Wahrnehmung (links/rechts, oben/unten, vorne/hinten) möglich. Die dreidimensionale Wahrnehmung ist Voraussetzung, damit Gruppensicherheit entstehen kann.

Dreidimensionale Wahrnehmung ist notwendig, um sich selbst als Teil eines Beziehungsgeflechts zu begreifen.

Die Bandbreite der Gruppensicherheit

Um bei Gemeinschaftsprojekten mitarbeiten zu können und den Überblick über das Geschehen zu haben, muss man sich in einer Gruppe sicher fühlen. Zielgerichtet handeln (sprich: die Fähigkeit, sich auf einen Vorgang und ein Ziel zu konzentrieren), Aufgaben verantwortungsbewusst übernehmen, sich einbinden können oder auch, wenn es erforderlich ist, Dinge geschehen lassen – das sind die Fähigkeiten, die man auf dieser Stufe erwirbt. Doch all das kann nicht vonstatten gehen, wenn sich das Kind seiner selbst nicht bewusst ist und nicht ohne weiteres Zugriff auf sein bisheriges Wissen und seine Erfahrung hat. Neurologisch gesehen muss das Gehirn auf seine bisherigen Entwicklungsstufen zurückgreifen können: Der Informationsfluss vom Bewegen zum Empfinden bis hin zum Denken muss durchlässig sein.

Gruppensicherheit kann sich nur entwickeln, wenn genügend »Ich-Stärke« vorhanden ist. Es hat fatale Folgen, wenn versucht wird, Individualität und Gruppenverhalten gegeneinander auszuspielen. Viele ältere Menschen unter uns erinnern sich sicher noch gut an eine Regel aus dem Deutschunterricht: »Beginne niemals einen Brief mit ICH« oder an das Sprichwort »Der Esel nennt sich immer zuerst«. Es wurden lieber sprachliche Verrenkungen in Kauf genommen, nur um ja diese Regel einzuhalten. Dabei ist Ich-bezogenes Handeln ebenso notwendig wie das Sicheinfügen in Gruppen. Der Psychotherapeut und Buchautor Paul Watzlawick hat vor dem Hintergrund solcher zwanghafter Verhaltensregeln zu Recht einen seiner Lehrsätze entwickelt: Vermeidung der Gefahr garantiert ihr Fortbestehen. Das heißt: Je mehr etwas vermieden und unterdrückt wird, umso kräftiger will es nach oben.

Angemessenes Sozialverhalten erreichen wir nicht durch Unterdrückung der Individualität. Da sich auf der fünften Evolutionsstufe das Handeln nach dem Zweck ausrichtet – zweckgerichtetes Verhalten ist die Devise –, wird die Entscheidung für Individualität oder Gruppe in der jeweiligen Situation immer wieder aufs Neue getroffen. Möchte ein Kind beispielsweise mit einer Puppe spielen, wird es sich je nachdem, wie es die Situation erfordert, in eine schon bestehende Gruppe eingliedern oder wenn nötig auch alleine spielen. Es handelt seinem Bedürfnis entsprechend zweckorientiert.

Eine vernünftige Anwendung der Bandbreite bedeutet, je nach Zeitpunkt oder Situation das eine oder das andere Verhalten aktivieren zu können. So haben Eskimos z.B. viele Wörter für »Schnee«, weil diese Differenzierung für ihr Überleben notwendig ist – demnach haben sie auch eine entsprechende Verhaltensbandbreite. Je nach Schneekonsistenz werden beispielsweise unterschiedliche Vorkehrungen für den Fischfang getroffen.

Blockiert sein bedeutet, bezogen auf eine bestimmte Situation nur ein Verhaltensmuster zur Lösung eines Konfliktes zur Verfügung zu haben. Konkret: Jakob möchte gerne die Schokolade seines Freundes und nimmt sie ihm einfach weg. Er handelt rein nach seinem Zweck und hat keine Alternative, um die Situation anders anzugehen. Menschen sind eher bereit, sich auf neue Verhaltensweisen einzulassen, wenn ihnen vermittelt wird, dass nicht die Verhaltensweise an sich das Problem darstellt, sondern die Unfähigkeit, sie zu ändern bzw. aus diesem Verhalten herauszukommen. Statt Jakob also eine Moralpredigt zu halten, sollte man versuchen, ihm eine andere Verhaltensweise nahezulegen – z.B. ihm vermitteln, dass er auch fragen könnte: »Darf ich ein Stück von deiner Schokolade haben?«

Das Training: Übungen zur Stabilisierung der Gruppensicherheit

Spiele und Ausflüge, das Spielen auf Spielplätzen, Klettern an Seilen und Wänden und alle Mannschaftssportarten wie Volleyball, Basketball usw. fördern den Gleichgewichtssinn und das Koordinationsvermögen. Gleichzeitig führen sie zu Sozialkontakten und Freundschaften. Nicht zuletzt garantieren sie die psychische Stabilität jedes Einzelnen.

Das Spiel mit dem Kissen:

Eine einfache und schnelle Übung, die zu Hause jederzeit durchgeführt werden kann, ist das »Balancieren« auf einem großen, dicken Kissen. Das Kind versucht in kleinen Schritten, indem ein Fuß vor den anderen gesetzt wird, auf dem Kissenrand von einer Ecke zur anderen zu gehen, ohne dabei abzurutschen oder herunterzufallen. Wichtig ist dabei, dass die Augen nach vorne (nicht nach unten) gerichtet sind. Die Arme können seitlich gehalten werden, um das Gleichgewicht zu finden. Bei dieser Übung erfährt man sehr schnell, wie gut das Körpergleichgewicht ist. Sollte das Kind am Anfang noch unsicher sein, kann man ihm etwas Stütze geben.

- Das Körpergleichgewicht entspricht der Beweglichkeit im Denken.
- Ein gutes Körpergleichgewicht bedeutet eine optimale Gehirnvernetzung.

Das Spiel mit dem Gleichgewicht
gibt das herrliche Gefühl der Freiheit.

Anderl Heckmair, Alpinist

Schulreife aus der Sicht der Praktischen Pädagogik

Schulreife erfordert die Entwicklung der »Ich-Wahrnehmung«. Ich-Wahrnehmung ist an die dreidimensionale Wahrnehmung gebunden. Damit ist die Wahrnehmung und sichere Bewegung in den drei Ebenen rechts/links, oben/unten und vorne/hinten gemeint. Sie sind die Basis für dreidimensionales Denken.

Bewegung und Denken sind eins.

Voraussetzungen für optimales Lernen

- Das dreidimensionale Gleichgewicht (Orientierung im Raum) schafft die Voraussetzung für die Gruppensicherheit und Schulreife eines Kindes.
- Das Seitigkeitsbewusstsein für rechts und links ist wesentlich, um sortieren, differenzieren und ordnen zu können (z.B. Zahlenstrahlrechnen). Das Bewusstsein von Mengen ermöglicht das Wahrnehmen von »größer und kleiner« und somit den Zugang zu den Zahlen.
- Das Überschreiten der eigenen Körpermitte (z.B. das linke Ohr mit dem rechten Arm berühren) trainiert die Gehirnkoordination und ist eine der Bedingungen um lesen, schreiben und rechnen zu lernen.
- Eine stressfreie Augenbewegung (mit den Augen gleichmäßig den auf einer Kreislinie liegenden Punkten folgen können) ist Voraussetzung für flüssiges Lesen.

- Die Hand-Augenkoordination (das Auge führt die Hand) ermöglicht die Fähigkeit des Schreibens. Je flexibler und lockerer die Bewegungen der Augen sind, desto mehr Gehirnareale können dadurch angesprochen werden.

Das Auge ist schon dort, wo der Körper erst hin muss: Das dreidimensionale Körperbewusstsein gibt Gruppensicherheit, ist die Basis für Konzentrationsfähigkeit und schafft so die Voraussetzung für optimales Lernen.

Pubertät: Der Affe ist los!

Beziehen wir uns auf unsere Evolutionsstufen, so wird Gruppensicherheit der Affenstufe zugeordnet. Mit dem Verhalten von Jugendlichen zwischen zwölf und sechzehn Jahren konfrontiert, wird sich schon manch ein Erzieher, Lehrer oder Elternteil mit den Worten Luft verschafft haben: »Hier geht es zu wie in einem Affenkäfig!«

Was passiert während der Pubertät? – Ein enormer Wachstumsschub im Gehirn führt zu Millionen neuer Verknüpfungen von Nervenzellen. Gleichzeitig werden die bereits vorhandenen Verknüpfungen sortiert, nicht mehr gebrauchte Verknüpfungen werden eliminiert, häufig verwendete werden ausgebaut: »Eine Vielzahl von Nebenwegen werden beseitigt, wichtige Wege werden zu Autobahnen ausgebaut«, sagt der bekannte Hirnforscher Gerald Hüther.

Es kommt zu Gefühlsausbrüchen und Sprunghaftigkeit. Die Melatoninproduktion lässt nach. Die Jugendlichen werden schneller müde und schlafen zu wenig. Die Hirnanhangdrüse schüttet Signalstoffe aus, die in Hoden und Eierstöcken die Produktion der Sexualhormone verstärken. Der gesamte Hormonhaushalt gerät vorübergehend durcheinander.

Bedingt durch den enormen Entwicklungsschub, den die Jugendlichen in der Pubertät durchlaufen, wird der Unterschied zwischen Individualität und Gruppe, zwischen Ich und Du, deutlich. Die Verhaltensbandbreite bewegt sich von unterwürfig und angepasst sein über Gleichgültigkeit (Einbindung in die Gruppe) oder Rebellion bis zur Fähigkeit, nach Chancen und Möglichkeiten zu suchen, um bestimmte Situationen gut zu meistern.

Ein pubertierender Jugendlicher schwankt wie ein Affe zwischen sozialer Einbindung (je nach Zweck), Gruppenbewusstsein und absoluter Zielgerichtetheit bis hin zur Rolle des Stimmungsmachers und Anführers mit dem Anspruch, alles im Griff haben zu wollen. Einem Jugendlichen, dessen Gruppensicherheit nicht stabil und ausgeglichen ist, steht immer nur eine von vielen Handlungsmöglichkeiten dieser Bandbreite zur Verfügung – und nach der handelt er dann. Im Schulalltag beispielsweise äußert sich dies oft so, dass es diesen Jugendlichen an Konzentrationsfähigkeit mangelt, dass sie sehr unruhig innerhalb der Klasse sind oder eine Außenseiterrolle einnehmen. Später finden wir dieses Verhalten in Mobbingsituationen wieder.

Meist wird versucht, von außen auf das Verhalten Einfluss zu nehmen, indem man an die Einsicht der Jugendlichen appelliert oder ihnen mit Sanktionen droht. Leider bleibt der Erfolg häufig aus. Gerade die neuerdings wieder propagierten, sanktionsbezogenen Interventionen (vergleiche z.B. entsprechende TV-Sendungen, in denen Pädagoginnen Familien zu Hause besuchen) schaffen zwar vordergründig Anpassung, verhindern aber eine positive Persönlichkeitsentwicklung. Die Bewertung des pubertären Verhaltens führt häufig zu Fehldiagnosen, wenn sie lediglich vom nüchternen, erwachsenen Gehirn aus vollzogen wird – es kann demnach nur falsch eingeordnet und verstanden werden.

Viele Pädagogen, die in Mittelstufenklassen unterrichten, fühlen sich den Jugendlichen nicht gewachsen. Es wird nicht erkannt, dass die Jugendlichen auf der fünften Gehirnstufe blockiert sind und nur zweckorientiert handeln können. Somit wird der Wert und Sinn ihres Verhaltens nicht erfasst.

Doch was tun mit einer Gruppe pubertärer Affen?

Ein Beispiel aus der Praxis soll dies erläutern. Ein Klassenlehrer einer 8. Gymnasiumsklasse beschreibt folgenden Konflikt: Mit Beginn des neuen Schuljahrs kommen vier Schüler, die das Schuljahr wiederholen, neu in die Klasse. Um ihr Versagenserlebnis zu kompensieren, nerven sie Lehrer und Mitschüler pausenlos mit verschiedenen unerwünschten Aktionen (CD-Player hören, mit dem Handy telefonieren usw.) und stören den Unterricht. Sie kompensieren also ihre fehlende Gruppensicherheit mit einem egozentrischen Verhalten, was zur Folge hat, dass Klasse und Lehrer sich noch mehr von ihnen distanzieren. Dadurch wiederum verstärkt sich ihr egozentrisches Verhalten.

Wir empfahlen der ganzen Klasse eine Aktionswoche: Klettertraining, an Seilen hangeln und über Hängebrücken balancieren. Durch die individuellen Geschicklichkeiten ergab sich nach kurzer Zeit spielerisch ein Gruppengleichgewicht. Jedes Individuum, jeder Schüler konnte innerhalb der Gruppe seine Rolle finden. Es entstanden neue Verbindungen innerhalb der Klassengemeinschaft: Vernetzungen, ähnlich wie im Gehirn. Die Konfrontation von Störern und Angepassten wurde aufgelöst. Alte Verhaltensmuster konnten durch neue ersetzt werden.

Der virtuose Umgang mit dem Körpergleichgewicht schafft die Voraussetzungen für das geistige Gleichgewicht.

Ein weiterer Erfahrungsbericht soll an dieser Stelle zum Nachdenken anregen: Ein impulsives, lebensbejahendes, aber auch eigenwilliges, unangepasstes 14-jähriges Mädchen, so beschrieben sie Lehrer und Bekannte, wählte nach einer Kette von Ereignissen den Freitod. Sie hatte alle Probleme, die ein 14-jähriges Mädchen haben kann: wenig Lust auf die Schule, pubertätsbedingten Stress mit den Eltern und immer wieder mal Liebeskummer. Hin und wieder soll sie einen Rappel bekommen haben, dann scheint sie ihre unausstehlichen fünf Minuten gehabt zu haben. Für ein Mädchen dieses Alters alles im Rahmen des Normalen. Doch leider droht häufig in solchen Situationen die Schule mit Schulausschluss, die Eltern mit Strafen. Die Sackgasse, in der die Kinder dann landen, ist zu eng: Sie handeln unter Umständen kurzschlüssig – so wie dieses Mädchen, das nur im Freitod die Lösung ihrer Probleme sah.

Für Jugendliche, die sich in ähnlichen Situationen befinden, muss es aber andere Lösungswege geben. Und daran arbeitet die Evolutionspädagogik. Sie verweist auf die Blockaden, in denen sich die Jugendlichen in schwierigen Phasen befinden. Mit Hilfe dieses Wahrnehmungsmodells steigen die Chancen, das Verhalten und die Signale der Jugendlichen besser zu verstehen und rechtzeitig einzugreifen.

Wenn Pädagogen in schwierigen Situationen mit Sanktionen drohen, reagieren sie letztlich auch nur aus Ratlosigkeit heraus: Meist spüren auch sie, dass Sanktionen nicht wirklich eine Lösung sind. Mit dem Wissen der Evolutionspädagogik kann man die Sprache der Kinder verstehen und ist nicht willkürlichen Interpretationen ausgesetzt.

Das Lösungskonzept der Evolutionspädagogik ist das Erkennen und Thematisieren der blockierten Gehirnstufe. Die Verhaltensbandbreite wird aufgezeigt und eintrainiert.

Durch das Aufzeigen und Eintrainieren der gesamten Verhaltensbandbreite einer Entwicklungsstufe wird die Durchlässigkeit nach unten und oben möglich. Ein Beispiel dafür: Ein Schüler fühlt sich vom Lehrer ungerecht behandelt. Er sucht Verbündete unter seinen Klassenkameraden und macht Stimmung für sich und gegen den Lehrer. Jetzt ist es wichtig, dass der Lehrer nicht in den Irrtum verfällt, diese Verhaltensweisen zu kritisieren und die Einhaltung bestimmter Regeln zu fordern. Stattdessen sollte er folgenden (wertschätzenden!) Dialog beginnen: »Stimmung machen und Verbündete finden, das kannst du gut und das braucht man auch im Leben. Gemeinsam trainieren sollten wir noch, in welchen Situationen es gut ist, Regeln einzuhalten, sich anzupassen, sich einzuordnen.« Dadurch erfährt der Schüler die Verhaltensbandbreite dieser Stufe, kann sie verstehen und je nach Situation frei anwenden.

KAPITEL 6

DIE SPRACHSICHERHEIT

Definition

Das Abbilden von Gedanken in sprachlichen Symbolen macht es uns möglich, uns selbst als Individuum zu definieren, uns in unserem sozialen Umfeld zurechtzufinden, unsere Emotionen zu beschreiben und unser Verhalten bewusst zu steuern. Aus der Sprache gehen die Fähigkeit zur Selbststeuerung und jede Art von Autonomie hervor. Die Sprache macht uns zu autonomen Wesen.[9]

Die sechste Gehirnentwicklungsstufe wird die Stufe des Urmenschen genannt. Beim Urmenschen stehen Bewegung, Körpergleichgewicht und Sprache in engem Zusammenhang. Wenn wir Sprachfähigkeit entwickeln und fördern wollen, müssen wir daher das Bewegungsgleichgewicht beachten. Die Entwicklung der Sprachsicherheit beginnt mit den ersten Worten, die das Kind spricht, und schreitet fort bis hin ins Erwachsenenalter, das heißt bis zum virtuosen Umgang mit Sprache. Wenn Sprache nicht als Ausdrucksmittel zur Verfügung steht, wird Körperkraft und Körpersprache als Kommunikationsmittel benutzt.

Sprachproduktion und komplexe motorische Fähigkeiten greifen auf gemeinsame neuronale Netzwerke zurück. Bei 90% der Menschen hat die Sprache ihren Sitz vorwiegend in der linken Gehirnhälfte. Bei etwa 5% liegen die meisten Sprachareale in der rechten Gehirnhälfte und bei den restlichen 5% sind die Sprachareale auf beide Gehirnhälften verteilt.

Mit einem einfachen Test können Sie überprüfen, in welcher Gehirnhälfte bei Ihnen die meisten Sprachareale sitzen: Versuchen Sie, eine Gedichtstrophe zu rezitieren und dabei gleichzeitig mit dem Finger den Rhythmus zu klopfen. Mit der rechten Hand fällt das Klopfen den meisten Menschen schwerer als mit der linken, weil die Bewegung der rechten Hand von der linken Gehirnhälfte gesteuert wird, und dort konkurrieren in diesem Moment Sprachareale mit motorischen Arealen um den Zugriff auf Neuronen. Die Ressourcen des Gehirns sind nicht grenzenlos.

Sollte Ihnen das Klopfen jedoch links schwerer fallen, gehören Sie wohl zu den wenigen Menschen mit einer sprachdominanten rechten Gehirnhälfte. Falls Sie mit der einen Hand ebenso gut wie mit der anderen Hand klopfen können, verfügen Sie möglicherweise über eine bilaterale Sprachfähigkeit.

Da die Sprachfunktionen im Gehirn asymmetrisch verteilt sind, kommt es der Sprachfähigkeit zugute, wenn die Zahl der Verbindungen (Nervenbahnvernetzungen) zwischen den beiden Gehirnhälften im Corpus Callosum, dem Verbindungsstrang, sehr dicht sind.[10]

Die Entwicklung der Sprache bedeutet einen Quantensprung gegenüber unseren evolutionsgeschichtlichen Vorfahren.

Die Bandbreite der Sprachsicherheit

Wenn ein Mensch außer Stande ist, seine Wut in Worte zu fassen, kann er sich in der betreffenden Situation nicht souverän verhalten – er ist der Situation ausgeliefert und kann sie nicht unvoreingenommen prüfen oder den Blickwinkel anderer berücksichtigen und die Folgen seines Handelns abschätzen. Über den Zugang zur Sprache ergibt sich die Möglichkeit, Konflikte verbal auszutragen, Wut, Frust, Kritik oder auch Stolz und Freude sprachlich auszudrücken.

Vieles in Frage stellen, Antworten suchen, sich in Position bringen und Einfluss nehmen auf das Geschehen – diese Kompetenzen stellen die positiven Eckpunkte der Verhaltensbandbreite der Sprachsicherheit dar. Ist die Sprachsicherheit blockiert oder wenig ausgereift, zeigt sich das durch eine Neigung zu Kraftausdrücken, Körpereinsatz statt Verwendung von Sprache in Auseinandersetzung oder »machohaftes« Verhalten.

Vom Punker zum Diskutant – oder zum Künstler?

Von der Erlebnissicherheit zur Sprachsicherheit

Philipp ist 15 Jahre alt. Er besucht die 9. Klasse einer Realschule. Sein Äußeres ist auffallend. Seine Haare sind rot-schwarz gefärbt und zu einem Irokesenkamm gestylt. Nase und Ohren sind ganz und gar gepierct; er trägt eine Lederjacke, Stiefel mit Spitzhaken und um das Handgelenk ein mit Nieten bestücktes Lederband. Lässig kaut er einen Kaugummi. Sein Blick ist meist düster, Antworten auf Fragen bekommt man kaum. Ab und zu ist Philipp in eine Schlägerei verwickelt, doch meist fällt er nur durch sein extremes Outfit auf.

Nadine ist 14 Jahre alt und die Freundin von Philipp. Die Augen sind schwarz geschminkt. Ihre kurz rasierten

Igelhaare leuchten rosa. Um ihre schmalen Hüften trägt sie einen breiten Nietengürtel. Bauchnabel und Ohren sind voll mit Piercingringen. Wenn man sie anspricht, blickt sie einen meist provokativ an.

Philipp und Nadine verbergen sich hinter ihrem »Schutzmantel« – niemand würde das vermuten: Zwei Jugendliche, die sich nur scheinbar gegen viele Dinge auflehnen, verstecken sich hinter ihrer Kleidung, um ihre Defizite zu tarnen und ihre Mitmenschen abzuschrecken. Anders wissen sich die beiden nicht zu schützen. Über die Sprache können sie ihre Bedürfnisse, Wünsche oder auch Kritik nicht äußern. Sie haben keinen Zugang zu ihrer Sprachsicherheit und sind daher auch über die Sprache nicht erreichbar. Ihr Null-Bock-Verhalten lässt den eindeutigen Schluss zu: Sie sind auf der zweiten Gehirnentwicklungsstufe, das heißt in ihrer Erlebnissicherheit, blockiert.

Über ihr Verhalten und Outfit signalisieren sie die Verhaltensbandbreite der Erlebnissicherheit: sich verstecken, sich schützen, warnen durch auffallendes Äußeres. Der Zugang zu den darüber liegenden Gehirnstufen ist versperrt. Sie haben nicht die Möglichkeit, über die verbale Mitteilung auf sich aufmerksam zu machen, sondern nur über die körperliche.

Wer Angst hat, nicht wahrgenommen zu werden, sucht sich ein besonderes Outfit, brüllt oder prügelt sogar.

Eine Pädagogik, die im Falle dieser beiden Jugendlichen mit psychologischer Bewertung (d.h. mit Interpretationen), Ablehnung, Ignoranz oder Sanktionen reagiert, wird diese beiden in ihrer Verhaltensblockade bestärken, statt ihnen dabei zu helfen, sie aufzulösen. Den Jugendlichen sollte viel eher vermittelt werden: »Ich weiß, dass du dich schützen willst« oder »Ich verstehe deine Warnung«. Erst auf diese Weise, indem man nämlich Philipp und Nadine Interesse entgegenbringt, kann man sie aus ihrer Blockade herausführen.

Der Erwachsene muss es verstehen, die Jugendlichen zu locken und ihre Neugier zu entfachen. Wie aber wird Neugier geweckt? Wie kann sie empfunden und erfahren werden?

Die Evolutionspädagogik würde in diesem Fall motorische Übungen einsetzen, um diejenige Gehirnregion zu aktivieren, die auch für Neugierde zuständig ist (z.B. durch Übungen, die die Erlebnis- und Sprachsicherheit trainieren; siehe Seite 52 und 107 ff.).

Gelingt es, die beiden Punker aus ihrem Versteck herauszulocken, indem sie kleine Aufgaben lösen müssen, die ihre Erlebniswelt erweitern (wichtig ist dabei, auf die Interessensgebiete der Jugendlichen einzugehen), löst sich die Blockade und die Bahn wird frei und durchlässig: Sprachsicherheit kann sich entwickeln. Körperreaktion, Emotionen und die Chance, sich in eine Gruppe einzufügen, sind nun gegeben und stehen ihnen allesamt zur Verfügung. Über den Zugang zur Sprache haben die beiden die Möglichkeit, Konflikte verbal auszutragen und positive ebenso wie negative Gefühle sprachlich auszudrücken.

Ihr auffallendes Äußeres dient dann nicht mehr zur Abschreckung und Tarnung, sondern hat sich weiterentwickelt: Die beiden wollen nun wirklich auf sich aufmerksam machen und haben auch tatsächlich etwas zu sagen. Aus dem wortkargen Punker wird nun vielleicht ein Diskutant, der den Status quo in Frage stellt und nach Antworten sucht, Position beziehen und etwas bewegen möchte, und somit zu einer ganz individuellen Persönlichkeit.

Das Training: Übungen zur Stabilisierung der Sprachsicherheit

Über die Entwicklung vom geduckten, schleichenden Gehen zum aufrechten, vorausschauenden Gang entsteht Sprachsicherheit. Daher empfehlen wir folgende Übungen:

Das Wahrnehmen von Naturschauspielen inspiriert unser Bewusstsein. Beim Besuch eines Wasserfalls lauschen wir dem Klang des Wassers. Mit der eigenen Stimme versuchen wir uns in den Klang des Wassers einzustimmen. Wir spüren die Kraft und Gewalt des Wassers und drücken diese Kraft über die eigene Stimme aus. Die Begegnung mit den Urelementen stärkt und verbindet mit dem Leben.

Des Menschen Seele
gleicht dem Wasser:
Vom Himmel kommt es,
zum Himmel steigt es,
und wieder nieder
zur Erde muss es,
ewig wechselnd.

Goethe, »Gesang der Geister über den Wassern«

Eine weitere Übung zur Sprachsicherheit ist das *Labyrinthlaufen.* Das Labyrinth ist ein Erfahrungssymbol[11]. Es kann konstruiert, bemalt, mit den Fingern abgefahren oder abgegangen werden. Am stärksten wird seine Grundbedeutung beim Gehen gespürt: in einen unübersichtlichen Weg eintreten, sich wenden, an den Rand geraten, unsicher werden, weitergehen, in der Mitte ankommen, umkehren, wieder hinausgehen – meist ganz unbewusst werden hier grundlegende Lebenserfahrungen mitempfunden oder eingeübt. Füße, Körper und Sinne gehen einen Weg, der nicht zuerst verstanden werden muss, um erfahrbar zu sein. Aber diese Erfahrungen haben oft eine Qualität, die sich so einprägen kann, dass wirkliches Wissen daraus entsteht – etwas geht »in Fleisch und Blut« über. Besonders Kinder haben einen spontanen Zugang zu Symbolen: Wenn sie ein Labyrinth sehen, gehen sie direkt darauf zu, benutzen es und fragen nicht lange, was es denn zu bedeuten hat. Sie nehmen die Aussage des Symbols intuitiv auf, auch wenn sie nichts darüber erzählen können. Kinder braucht man nicht mit Erklärungen überhäufen, sie haben das Wichtigste meist längst verstanden.

Das Labyrinth hat zwei Wege, den hinein in die Mitte und den heraus aus der Mitte. Der Weg hinein ist ein starker, spannender Weg auf ein Ziel zu. Der Weg heraus ist ein stiller, demütiger Weg. Man kennt ihn schon und doch ist er wieder lang. Aber es braucht diese Zeit, diesen Weg zurück, um die bisherigen Erlebnisse zu bedenken und zu verinnerlichen. Wer den Weg heraus für unwichtig hält, eilt vielleicht als Held von Abenteuer zu Abenteuer, aber wird dabei keine Zufriedenheit finden. Der Weg heraus ist der Weg nach Hause, der Weg zur Reifung. Das Abenteuer ist vollbracht, Erkenntnis ist gewonnen. Wer aus der Labyrinthmitte herauseilt, über alle Begrenzungen steigt und dabei meint, dass ja die Mitte erreicht und damit alles erledigt sei, hat den wichtigeren Teil versäumt. Denn der Weg heraus führt zur Güte, zur Demut, Bewusstheit und zur Liebe.

Malen mit dem Labyrinth: Das Labyrinth eignet sich auch sehr gut zum Bemalen. Mit Farben kann die momentane Stimmung ausgedrückt werden. Das selbst ausgemalte Labyrinth wird plastischer und verwandelt sich von der allgemeinen Vorlage zu »meinem« Bild. Die Art der Farben, die beim Bemalen gewählt werden, kann faszinierende Geschichten entstehen lassen.

Mit einer Frage das Labyrinth begehen: Eine spannende Art der Besinnung kommt zustande, wenn am Eingang dem Labyrinthgeher eine Frage mitgegeben wird. Spannend, weil die Reaktionen darauf oft sehr unterschiedlich ausfallen. Besonders hilfreich kann eine solche Frage sein, wenn sie sich auf eine konkrete Lebenssituation bezieht. Eine weitere Möglichkeit ist auch, während des Gehens bestimmte Töne zu singen oder sich nach bestimmten Rhythmen durch das Labyrinth zu bewegen.

Auswahl an Besinnungsfragen:

- Was ist mir wirklich wichtig?
- Was will ich erreichen?
- Was will ich tun?
- Was ist mein Ziel?
- Wohin will ich gehen?
- Was will ich mitnehmen?
- Mit wem will ich gehen?
- Was will ich lassen?
- Was lenkt mich ab?
- Was brauche ich nicht mehr?

Für Jugendliche ist diese Übung eine konkrete Anleitung, sich mit sich selbst auseinander zu setzen, was sie sonst vielleicht gar nicht tun würden.

Was wird mit dem Labyrinthlaufen erreicht?

- Man findet den Weg zur eigenen Mitte.
- Das Labyrinthlaufen bringt Ruhe und Sicherheit, um kraftvoll ins Leben zu schreiten.

Wir alle brauchen Initiation

Initiation heißt erwachsen werden. Erwachsen werden heißt zu verstehen, wer man ist, und für sein Leben Verantwortung zu übernehmen. Doch als Mann oder als Frau erwachsen zu werden ist uns nicht einfach in die Wiege gelegt. Deshalb gab es in früheren Zeiten in allen Kulturen Initiationsrituale, die heute in unseren Breitengraden meist verloren gegangen sind. Die Folgen für unsere Kinder sind weitreichend: Sie haben keine geschlechtsspezifischen Beispiele mehr für das Erwachsenwerden, geschweige denn für das natürliche Hineinwachsen in eine männliche bzw. weibliche Identität. Die beiden Prozesse – das Zum-Mann-Werden bzw. das Zur-Frau-Werden – vermischen sich immer mehr.

Was bedeutet Initiation?

In alten Stammeskulturen, in denen der initiatische Prozess wesentlicher Bestandteil im Leben eines jeden Menschen war, ging es immer darum, Einsicht in das Leben zu bekommen, um dafür persönlich Verantwortung zu übernehmen. Initiation war eine Art Einführung in die Geheimnisse des Lebens, also eine Hinführung in das lineare und zyklische Denken. Dies geschah dadurch, dass die männlichen Jugendlichen durch erwachsene Männer und die weiblichen Jugendlichen durch erwachsene Frauen in die existenziellen Geheimnisse eingeweiht wurden. Die eigentliche Initiation wurde aber erst in der Begegnung dieser zwei Welten (Mann und Frau) vollbracht.

Diese Rituale gibt es in unserer heutigen Gesellschaft nicht mehr. Ein sibirischer Schamane sagte einmal in einer TV-Sendung: »Der westliche intellektuelle Mensch ist unwissend. Das Schlimmste ist, er weiß nichts davon.« Uns sind die Initiation und deren Bedeutung für unser Leben abhanden gekommen. Der Ort für Initiation sollten deshalb die Bildungseinrichtungen sein. Es gilt auch heute noch, Goethes Forderung zu begreifen, dass wir uns nicht nur nach außen, sondern auch nach innen hin bilden und erziehen müssen: »Nichts ist drinnen, nichts ist draußen. Denn was innen, das ist außen.« Der Schwerpunkt unseres Bildungssystems liegt aber derzeit im Außen. Das heißt z.B., dass uns weniger die Entwicklung der ganzen Persönlichkeit des Schülers interessiert, sondern wir uns vorwiegend mit Unterrichtsinformationen beschäftigen, die wir abfragen, bewerten und nach denen wir dann unsere Schlüsse ziehen.

Wir laufen Gefahr, eine kindliche Gesellschaft zu werden, in der der Einzelne nicht mehr in der Lage ist, als Persönlichkeit heranzureifen – denn für die Persönlichkeitsreifung fehlen uns die Vorbilder.

Die zwei Denkstile – männliche und weibliche Kommunikation

Wir machen alle die Erfahrung, dass die Welt aus so genannten Gegensatzpaaren besteht: Tag/Nacht, männlich/weiblich, einatmen/ausatmen. Dabei handelt es sich immer um zwei polare Qualitäten, die unabdingbar miteinander in Beziehung stehen: ohne Nacht kein Tag; ohne das männliche Geschlecht kein weibliches; ohne Einatmen kein Ausatmen ... Auch in unserem Denken spiegelt sich die Polarität der Welt wider, was wir allerdings heutzutage gerne übergehen. Im Grunde vermitteln wir unseren Kindern eine eindimensionale Weltsicht. »Falsch oder richtig« heißt die Devise. Und sie führt zu einem Schwarzweiß-Denken.

Polarität jedoch meint etwas anderes: Gegensatzpaare werden als *gleichwertig* empfunden, sie sind nicht austauschbar und schon gar nicht wahr oder falsch. Es wäre doch sehr töricht zu sagen: »Ausatmen ist schlechter als einatmen.« Wir brauchen beides. Polarität heißt also, dass unterschiedliche Positionen und Eigenschaften ihre Geltung haben, selbst wenn sie zueinander in Spannung stehen. Aus dieser Spannung, dass nämlich beide Positionen (Pole) grundverschieden sind, erwächst dann eine Dynamik, die für unser Leben wichtig ist. Nach diesem Prinzip funktioniert die ganze Welt. Es gibt nicht nur die Schwerkraft, sondern auch die Fliehkraft, nicht nur den Verstand, sondern auch die Gefühle. Und folgerichtig haben wir auch zwei Denkstile. In früheren Kulturen bildeten diese Denkstile die Basis und den Übergang zum Erwachsenwerden.

Natürlich ist es heute nicht mehr möglich, Jugendliche wie in den Stammeskulturen zu initiieren. Trotzdem können wir ihnen die zwei grundlegenden Formen der Kommunikation nahe legen. In unserem Leben ganz allgemein, aber vor allem in unserem Erziehungssystem sollte es daher wesentlich sein, neben der linearen Denkstruktur (die als die »männliche« gilt) auch die zyklische Denkstruktur (die als die »weibliche« gilt) zu beachten. Für die Erziehung und zur Lösung von Problemen ist nur ein ganzheitliches Denken fruchtbar – ein Denken, das beide Denkstrukturen anerkennt, deren Qualitäten in sich vereint und zu nutzen versteht.

Die polare Struktur durchzieht auch unser Rechtssystem. Es gibt darin zwei polare Grundsätze:

1. *Jedem das Gleiche!*
2. *Jedem das Seine!*

Gemeint ist damit, dass das Zusammenleben in einer Gesellschaft sich sowohl nach dem Prinzip »Vor dem Gesetz sind alle gleich« (männliche Kommunikation) als auch nach der Würdigung der individuellen Situation (weibliche Kommunikation) ausrichtet. Und es ist sicher kein Zufall, dass in neurologischen Beschreibungen über die unterschiedlichen Funktionen unserer Gehirnregionen (linke und rechte Gehirnhälfte) genau diese Kommunikationsqualitäten, nämlich zyklisches und analytisches Denken, wieder zum Vorschein kommen.[12]

Lineares Denken (männliche Kommunikation) sowie zyklisches Denken (weibliche Kommunikation) wenden wir z.B. beim Puzzeln an. Viele exakte Einzelteile, die wir studieren müssen (männlich), ergeben das Gesamtbild: die wunderbare Einheit, in der alles gleichwertig und nichts ausgeschlossen ist (weiblich). Jedes Teil im Puzzle hat seinen Platz und seine Bedeutung.

Kinder lernen aus der männlichen und weiblichen Kommunikation, deshalb ist es wichtig, ihnen die Möglichkeit zu geben, sich in ihren Rollen entsprechend zu identifizieren.

Jungen in Gruppen legen rasch eine Dominanzhierarchie fest. Dieses Verhalten ähnelt stark dem Verhalten anderer Primaten. Hierarchien entstehen durch Wettbewerb. Sie sind geprägt von »wenn/dann«-Regeln und damit ein Beispiel für eine systematisierende Vorgehensweise. Der Psychologe Simon Baron-Cohen schreibt dazu: »Wenn sich dasselbe Verhalten bei Menschen und Affen beobachten lässt, ist es offensichtlich in der Evolutionsgeschichte begründet.«[13]

Schon im Kindergarten sind solche Hierarchien sichtbar. Jungen ist die soziale Stellung wesentlich wichtiger als Mädchen. Auch kleine Mädchen legen Rangordnungen fest, aber sie orientieren sich dabei an anderen Qualitäten als simpler Kraft und raubeinigem Auftreten (z.B. Schubsen). Es geht also nicht darum, diese verschiedenen Verhaltensweisen zu bewerten, sondern sie zu beschreiben und sie von ihrer Herkunft her zu verstehen. Was macht das Kind mit welchen Zielen?

Verhalten ist abhängig von der Evolutionsstufe (Gehirnentwicklungsstufe), auf der sich das Kind in diesem Augenblick befindet. Aus dieser Sicht heraus kann erkannt werden, dass das Verhalten so lange zwingend ist, so lange es der Person nicht gelingt, die Stufe zu verlassen und sich weiterzuentwickeln.

Das Fazit lautet also: Der sicherste Weg, angemessenes Verhalten zu erreichen, ist der virtuose Umgang mit der Bandbreite der jeweiligen Evolutionsstufe. Dies wiederum ist nur möglich, wenn auf dieser Gehirnstufe keine Blockade vorliegt. Virtuoser Umgang bedeutet etwa, dass bei der zielgerichteten Aggression (auf der Stufe der Gefühlssicherheit, siehe Seite 64 »Die zwei Gesichter der Aggression«) der Spielraum zwischen Nähe und Distanz erkannt wird.

Bei Simon Baron-Cohen heißt es: »Aggression zeigt sich bei beiden Geschlechtern, aber beide sind auch in bestimmten Situationen zu reduzierter Empathie fähig. Man entdeckt aber einen geschlechtsspezifischen Unterschied in der Art, wie die Aggression zum Ausdruck kommt. Männer neigen eher zu direkten, offen geäußerten Aggressionen (stoßen, schlagen, schubsen usw.), während Frauen eher zu indirekten, verdeckten Aggressionen neigen. Diese Form von Aggression vollzieht sich ohne körperliche Berührung (hinter dem Rücken des anderen) und umfasst Dinge wie Tratsch, Ausschluss aus der Gruppe oder bissige Bemerkungen.«[14] Auch an dieser Stelle gilt es hervorzuheben, dass es um Verhaltensbeobachtung und nicht um Verhaltensbewertung geht. Beide Aggressionsformen haben ihre Berechtigung. In der Evolutionspädagogik beschreiben wir die Folgen des Tuns und bewerten es nicht.

Weiblicher und männlicher Spielstil

Kinder zeigen bereits sehr früh geschlechtsspezifische Unterschiede in ihren Empathiefähigkeiten. Ganz deutlich wird dies im Spielverhalten: Kleine Jungen setzen ihren Körper stärker ein als Mädchen, wenn sie etwas erreichen wollen. Ein Beispiel:

Wenn man eine Gruppe von Kindern mit einem Filmvorführgerät spielen lässt, das nur ein Guckloch hat, erobern sich die Jungen mehr Zeit am Okular, als ihnen gerechterweise zustünde. Sie schubsen die Mädchen einfach aus dem Weg. Sie zeigen weniger Empathie und mehr Egoismus.

Lässt man eine reine Mädchengruppe mit demselben Gerät spielen, erringt das Mädchen, das letztlich die meiste Zeit am Okular verbringt, diesen Vorteil nicht durch körperliche Taktiken, sondern durch verbale Strategien. Es setzt eher auf Verhandeln und Überreden als auf reine Körperkraft.

Deutlich wird dabei, dass kleine Mädchen mehr Interesse an Fairness zeigen und dass sie, selbst wenn sie nach einem eigenen Vorteil streben, ihr Einfühlungsvermögen nutzen, damit die andere Person ihnen freiwillig gibt, was sie haben möchten.

Hier noch ein weiteres Beispiel, das vielen Eltern vermutlich vertraut ist: Wenn man Kindern Bobby-Cars zur Verfügung stellt, also große Plastikautos, die sie selbst fahren können, beobachtet man Folgendes: Die Jungen beginnen schnell »Karambolage« zu spielen und rammen mit ihren Autos absichtlich die anderen Fahrzeuge. Falls es den Mädchen gelingt, an die Autos überhaupt heranzukommen, fahren sie viel vorsichtiger und vermeiden nach Möglichkeit Zusammenstöße.

Die folgende Beschreibung von vierjährigen herumtobenden Jungen kommt den meisten Eltern gewiss auch bekannt vor: Sie veranstalten Ringkämpfe, stoßen zusammen und purzeln übereinander. Ein Junge schubst einen anderen zum Spaß hin und her. Sie ahmen das Geräusch von Maschinengewehren nach und verfolgen einander mit Laserstrahlgewehren und Sprühflaschen. Sie schmieren sich gegenseitig Knete ins Haar und tun so, als würden sie sich erschießen. Dann fallen sie tot um und rollen über den Boden.

Aus diesen Raufereien kann man nicht einfach schließen, dass Jungen aktiver oder sogar aggressiver sind als Mädchen: Mädchen werden genauso aktiv, wenn es um andere Spielsachen wie etwa Trampoline und Springseile geht.

Herumtoben ist kein Ausdruck von Aggressivität, sondern nur ein ausgelassenes Kräftemessen. Dieser männliche Spielstil kann eine Riesenfreude bereiten und Spaß machen, wenn man ebenfalls ein Junge ist, selbst wenn es mal zu kleineren Verletzungen kommt. Mädchen hingegen finden diesen Spielstil, dieses Toben und Raufen, weniger spaßig; sie empfinden es als unsensibel.

Natürlich sind Kampfspiele nicht immer nur Ausdruck von Ausgelassenheit. Manchmal haben sie auch einen ernsthaft rivalisierenden Charakter und sind aggressiv gemeint, z.B. wenn die Jungen in einen richtigen Streit geraten und jemand versöhnend von außen eingreifen muss, um ihn zu schlichten. Dies lässt sich bei Jungen – schon bei zweijährigen – häufiger beobachten als bei Mädchen.

Kleineren Jungen fällt es relativ schwer, ihre Spielsachen mit anderen zu teilen. In einer Studie konkurrieren kleine Jungen fünfzig Mal häufiger um Spielsachen als die Mädchen – Mädchen wechseln sich viel eher ab.

Dies sind Alltagsbeispiele für geschlechtsspezifische Unterschiede im Einfühlungsvermögen. Leider kommt es häufig vor, dass Jungen zu Unrecht eine feindselige Absicht zugeschrieben wird – Mädchen hingegen weniger – und dass Jungen eine Verhaltensstörung diagnostiziert wird. Eine solche Diagnose lässt völlig unberücksichtigt, dass das Verhalten der Buben durchaus evolutionsbegründet ist oder dass ihr Kräftemessen vielleicht aus mangelnder Körper- oder Gefühlssicherheit erwächst.

Kleine Mädchen reagieren schon im Alter von 12 Monaten empathischer auf Kummer anderer Menschen, zeigen mehr Anteilnahme durch traurige Blicke, mitfühlende Lautäußerungen und tröstendes Verhalten. Dies entspricht auch dem Verhalten, das hauptsächlich Frauen an den Tag legen, wenn sie ihren Kummer mit Freundinnen besprechen. Frauen neigen also schon von klein auf stärker dazu, andere Menschen zu trösten. Auch deuten mehrere Studien darauf hin, dass dreijährige Mädchen ihren männlichen Altersgenossen bereits weit voraus sind, wenn es darum geht, die Gedanken und Gefühle anderer Menschen zu deuten.

Wenn man Kinder fragt, was wohl eine bestimmte Figur in einer Geschichte innerlich, im Vergleich zu den Gefühlen, die sie nach außen zeigt, empfindet, stellt man fest, dass Mädchen dies besser einschätzen können als Jungen. Auch bei der Frage, was für ein Gesicht man in bestimmten Situationen machen sollte (z.B. wenn man ein Geschenk bekommt, das einem nicht gefällt), haben Mädchen ein besseres Gespür dafür, wann man seine eigenen Gefühlsäußerungen besser unterdrücken sollte, um die Gefühle anderer nicht zu verletzen. Und wenn Kinder einschätzen sollen, ob jemand etwas Unpassendes gesagt hat, schneiden Mädchen ab dem siebten Lebensjahr besser ab als Jungen.[15]

Wenn man sich diese geschlechtsspezifischen Unterschiede bewusst macht, müsste jedem Pädagogen klar werden, dass in unserem Erziehungssystem einiges im Argen liegt. Allein die Tatsache, dass Jungen in der Grundschule häkeln und stricken lernen müssen, zeigt, welche Unwissenheit in unserer Pädagogik herrscht. Dabei geht es nicht um die Aktivität selbst, sondern darum, dass die Pädagogik die motorische Entwicklung der Buben außer Acht lässt. Das Bedürfnis der Buben liegt in diesem Alter im Bereich der Grobmotorik, nicht der Feinmotorik. Im Sportunterricht werden Mädchen zum

Fußballspielen animiert, was von der Impulsivität und Technik im Allgemeinen nicht ihrem Bewegungsbedürfnis entspricht. Und umgekehrt: Jungs müssen zu ihrem Leidwesen beim Hiphop-Tanzen mitmachen.

Nachforschungen zur Didaktik im Kindergarten gaben uns einen ernüchternden Einblick in die verschiedenen erzieherischen Konzepte für den Vorschulbereich. In diesen Beobachtungskonzepten wurde hauptsächlich auf feinmotorische Fähigkeiten wie malen, schneiden, basteln geachtet, was notwendigerweise zu einer sehr einseitigen Beurteilung führen muss. Für Buben beispielsweise bedeutet dies eine massive Benachteiligung, da sie wie oben schon erwähnt in diesem Alter stark ihre grobmotorischen Fähigkeiten trainieren und ausagieren. Feinsinnige und stark sprachorientierte Spiele, wie sie häufig im Vorschulbereich angewendet werden, kommen auch hier dem Entwicklungsverlauf der Buben nicht entgegen. Wird dies nicht berücksichtigt, kommt es zu gravierenden Fehlbeurteilungen. Auch ist es fatal, wenn fünf- und sechsjährige Buben und Mädchen, die Schwierigkeiten haben, bestimmte Aufgaben zu lösen (z.B. ein Bild zu einer Bilderbuchgeschichte zu malen), als nicht schulreif oder sogar weniger intelligent eingestuft werden. Schwierigkeiten entstehen vielmehr dadurch, dass diese Kinder anders denken, anders wahrnehmen und spielen und andere Fragen haben. Der Erwachsene stellt ihnen also Fragen oder Aufgaben in einer Sprache, die ihnen fremd ist. Deshalb muss er lernen, die Sprache der Kinder zu verstehen – wie Kinder in einem ganz bestimmten Alter denken, wahrnehmen und spielen können, welches ihre ureigenen Anliegen und Fragen sind.

Die Methode der Evolutionspädagogik ermöglicht uns, diese Sprache zu verstehen. Erkennt ein Pädagoge, aus welcher Gehirnentwicklungsstufe ein Kind agiert und wahrnimmt, ist es wie eine Offenbarung: Er weiß dann, wie das Kind zu führen ist (siehe »Verhaltensbandbreiten der Stufen auf einen Blick«, Seite 148).

Leider gibt es im gesamten Vorschul- und Grundschulbereich fast nur weibliche Fachkräfte. Für Buben wäre es von großer Wichtigkeit, sich auch mit männlichen Pädagogen auseinander setzen zu können. Aus diesem Grund meinen vielleicht viele Erzieherinnen und Lehrerinnen, männlich auftreten zu müssen, und vergessen darüber die weiblich-zyklische Art zu reagieren.

Eine solche typisch männliche Kompensation ist, wenn Frauen ein regelkonformes Verhalten an den Tag legen statt des ihnen gemäßen, nämlich des gefühlvoll-empathischen Verhaltens: Max bekommt eine schlechte Note. Die Lehrerin ist überzeugt, sie müsse jetzt durchgreifen, und verordnet ihm Zusatzhausaufgaben. Notwendig wäre aber eher, Max zu vermitteln: »Ich kann verstehen, dass es dir jetzt schlecht geht« (also weiblich-empathisch zu handeln), um dann gemeinsam zu überlegen, wie die Situation verbessert werden kann (also wie die Situation männlich-linear in den Griff zu bekommen ist). – Wenn beide Kommunikationsformen verwendet werden, dann kann man mit Einsicht rechnen, sonst ruft man nur Protest und Widerstand hervor.

Ein guter Lehrer kann einen Schüler dazu bringen zu tun, was man von ihm verlangt.
Ein großer Lehrer kann einen Schüler dazu bringen, es gerne zu tun.

An dieser Stelle möchten wir auch erwähnen, dass der Trend, den Erzieherberuf zu akademisieren, in eine völlig analytische, lineare Denkrichtung führt und der eigentliche Gehalt und Wert des »Erzieherseins« verloren geht.

In keinem anderen Feld der Pädagogik als im Vorschul- und Grundschulbereich hat der Erwachsene die einzigartige Chance, an der Quelle der kindlichen Seele zu sein – wie das schon Goethe feststellte: »Wir müssen von innen heraus erziehen ...« und wie Maria Montessori uns stets aufforderte: Der Erwachsene muss Helfer sein auf dem Weg zur Unabhängigkeit und Persönlichkeit.[16] Dies zu verinnerlichen und unsere Jugend auf ihrer Identitätssuche zu unterstützen, ist unser höchstes Anliegen, denn es ist mittlerweile »fünf Minuten vor zwölf«: Es ist heute Aufgabe der Pädagogik, den Jungen auf dem Weg zum Mann und das Mädchen auf dem Weg zur Frau zu begleiten. Dies kann nur gelingen, wenn wir lineares und zyklisches Denken, männliche und weibliche Verhaltensweisen beachten und gleichermaßen achten, das heißt: eine Frau ihre Weiblichkeit und ein Mann seine Männlichkeit leben darf. Chaos entsteht dann, wenn die Frau den Wert ihres Frauseins und der Mann den Wert seines Mannseins nicht mehr erkennt.

KAPITEL 7

DIE KOOPERATIONS- UND KOMMUNIKATIONS-SICHERHEIT

Definition

Die siebte Stufe unseres Daseins, in der Evolutionspädagogik Stufe des Menschen genannt, befasst sich mit zwei grundlegenden menschlichen Verhaltensweisen: der Fähigkeit zur Empathie und der Fähigkeit zur Systematisierung. Empathie definiert sich über eine hohe soziale Kompetenz und Mitgefühl für seine Mitmenschen, Systematisierung über Genauigkeit und eine extreme Aufmerksamkeit für Details. Zu systematisieren heißt, Situationen und Konflikte nur nach vorgeschriebenen Prinzipien zu betrachten und zu lösen.

Beide Fähigkeiten sind notwendig, um Kooperations- und Kommunikationssicherheit zu erreichen.

Empathie und Systematisierung

Je nach gesellschaftlicher Situation werden die beiden Bereiche »empathisch« und »systematisierend« unterschiedlich gewichtet. Im privaten Bereich werden Einfühlsamkeit und Verständnis als erstrebenswerte ethische Güter und soziale Kompetenzen betrachtet und hochgeschätzt. Im Berufsalltag hingegen werden diese Fähigkeiten eher abgewertet – dort heißt es dann rasch, man sei nicht taff genug, zu wenig zielorientiert oder konsequent. Und je weiter sich jemand auf der Karriereleiter nach oben kämpft, umso hinderlicher wird ihm sein empathisches Verhalten. Denn Macht kann umso besser ausgeübt werden, je weniger man sich Gedanken um die Auswirkungen eigener Verhaltensweisen macht. Berufswelt und Erziehungsinhalte stehen in unseren westlichen Gesellschaften häufig im Widerspruch. Im Vergleich lassen sich die Charakteristika von emphatischen und systematisierenden Handlungs- und Verhaltensweisen wie folgt darstellen:

Polarisierung der Verhaltensweisen

empathisch	systematisierend
Ungenauigkeit	Genauigkeit
aufmerksam für größere Zusammenhänge	extreme Aufmerksamkeit für lokale Details
fehlende Gesetzmäßigkeit	gesetzmäßige Prinzipien
Abhängigkeit vom Kontext	kontextunabhängig
Annäherung/Kontaktzunahme	Aggressionszunahme

Es leuchtet sicher ein, dass z.B. die in der traditionellen Pädagogik übliche Verhaltensbewertung durch Noten noch keinen Beitrag für ein Empathietraining darstellt. Wenn Schüler also fähig zur Empathie werden sollen, brauchen sie Lehrer, die sie darin unterstützen, eine gefestigte Persönlichkeit zu werden. Empathisches Verhalten erfordert zuallererst eine sichere Ich-Identität. Erst dann kann sich die Person um das Außen und die Mitmenschen kümmern.

Auch hier zeigt sich wieder, dass erst die Ausreifung der unteren Stufen die Weiterentwicklung, hier die mitmenschliche Fähigkeit der Empathie, möglich macht.

Bandbreite der Kooperations- und Kommunikationssicherheit

Um in den Bereichen von Zusammenarbeit und Kommunikation virtuos agieren zu können, ist die Bandbreite der Verhaltensweisen zwischen Empathie und Systematisierung notwendig.

Die Verhaltensbandbreite der siebten Stufe erstreckt sich vom selbstbezogenen Menschen, der nur seine eigenen Bedürfnisse wahrnimmt, bis zum sozial sensiblen Menschen, der viel Verständnis für die Gedanken und Gefühle anderer hat. Im blockierten Zustand verharrt ein Mensch entweder in dem einen Extrem – nur selbstbezogen und eigenbrötlerisch zu handeln – oder im anderen: ausschließlich altruistisch zu sein und die ganze Welt retten zu wollen. Ist man in einem dieser Pole gefangen, so ist man kaum fähig, Empathie und Systematisierung gleichermaßen zu entwickeln – mit dem Resultat, dass die Kommunikations- und Kooperationssicherheit blockiert ist.

Sind allerdings die vorherigen Sicherheiten eines Menschen integriert, hat er die freie Wahl zwischen Empathie und Systematisierung. Es wird situationsgerecht kommunizieren und kooperieren können.

Hierzu ein Beispiel:

Inga weiß genau, wann sie ihre beste Freundin trösten oder gegen andere verteidigen muss. Sie spürt es, wann ihr Mitgefühl gebraucht wird. In der Schule ist Mathematik nicht ihr Lieblingsfach. Doch wenn sie die Textaufgaben nicht versteht, weiß sie, dass Weinen nichts bringt. Da hilft nur eins – den Lehrer zu fragen. Inga ist eine kleine Persönlichkeit. Sie kann empathisches und systematisierendes Verhalten situationsgerecht anwenden. Sie ist in einem integrierten Zustand.

Das Training

Die Integration der sechs Stufen, auf die sich Empathie und Systematisierung stützen, entsteht durch das Einüben der sechs vorhergehenden Sicherheiten und der in den vorhergehenden Kapiteln beschriebenen Übungen. Eine gelungene Integration kann sich dann über das Ausüben künstlerischer Tätigkeiten – wie z.B. Malen, Gestalten, Tanzen, Musik machen oder sogar Komponieren und Gedichte schreiben – zeigen. Erkennt man seine eigenen Talente rechtzeitig, kann man sie über die Berufswahl leben. Und wer seine Talente lebt, hat seinen Platz im Leben gefunden.

Autismus – eine Extremform von Systematisierung

Nimmt man die verschiedenen Verhaltensweisen von Menschen in verschiedenen Situationen wahr, so erkennt man Eigenschaften und Fähigkeiten, aber auch Defizite und Blockaden auf jeder Gehirnentwicklungsstufe. Probleme bestehen immer dann, wenn Menschen in einer Stufe eingeschlossen sind – so geht es Autisten: Man beschreibt sie als Menschen, die in ihrer eigenen Welt leben.

Provokativ ausgedrückt könnte man sagen: Wir leben in einer autistischen Gesellschaft. Viele Teilaspekte unseres Lebens werden nicht mehr wahrgenommen und jeder bezieht sich nur auf seinen speziellen Fachbereich, ohne den Mut zu haben, über den eigenen Tellerrand zu gucken. Für jeden ist dann die Welt so, wie er sie wahrnimmt. An den Verhaltensmerkmalen autistischer Menschen werden die Defizite unserer Kooperations- und Kommunikationssicherheit deutlich, denn nicht nur »der kranke Autist« ist in der Gesellschaft nur begrenzt kooperationsfähig: Jede Form von Defizit führt zu einer mehr oder weniger ausgeprägten Form von Autismus. Hat man Defizite, so sind immer Teile der Wahrnehmung ausgeblendet. Auch die auffallende Computerspielsucht und die rasante Zunahme der »Sudoku«-Spiele weisen auf eine autistische Tendenz unserer Gesellschaft hin. Solche Spiele lassen sich als Versuch interpretieren, Drucksituationen durch Systematisierung zu kompensieren.

Von Autismus sind Buben stärker betroffen – auf zehn Buben kommt ein Mädchen. Genauso verhält es sich bei AD(H)S, Verhaltensauffälligkeiten und Sprachstörungen. Ein Grund dafür ist der, dass Buben eher zum Systematisieren neigen (vgl. auch Hinwendung zum Computer). Mädchen dagegen sind empathischer. Sie hingegen leiden häufiger an Magersucht und Depressionen.

Kinder mit autistischen Zügen versuchen, menschliches Verhalten wie Sprache, mechanische Bewegungen oder jede Art von Geräuschen in ein System zu bringen, meist auf einem normalen oder überdurchschnittlichen IQ-Niveau. So ist z.B. die so genannte »Echolalie« eine Art Sprachstörung, bei der jede Äußerung mit haargenau denselben Worten wiederholt wird. Menschen, die davon betroffen sind, versuchen die Sprache über das »Nachreden« zu verstehen. Es ist ein verzweifelter Versuch, die Gesetzmäßigkeiten der Welt zu erkennen, zu finden und sie dadurch in den Griff zu bekommen. Aber das Elend unserer Gesellschaft besteht darin, dass extrem auffälliges Verhalten immer für sich allein stehend bewertet wird. Und dann urteilt man recht kurzschlüssig: Auffälligkeit – Störung – Krankheit, ohne den gesamten Zusammenhang zu beleuchten. Betrachtet man z.B. Autismus aus einer ganzheitlichen Sicht, zeigt sich, dass es sich dabei um eine Blockade auf verschiedenen Gehirnentwicklungsstufen handelt.

Eine Blockade zeigt sich durch das Festgefahrensein in einer Verhaltensweise.

Kinder mit extremer Systematisierungsneigung sind wie Salzwasserfische, die gezwungen werden, im Süßwasser zu leben. Es geht ihnen gut, wenn man sie in die richtige Umgebung setzt. Wenn Person und Umwelt zusammenpassen, verschwinden die Probleme und die Kinder können dann sogar sehr erfolgreich werden. Wenn Person und Umwelt allerdings nicht zusammen passen, wirkt der Mensch wie behindert.[17]

Für Kinder mit einem ausgeprägten Bewegungsdrang z.B. ist es kaum auszuhalten, einen ganzen Vormittag lang dem Unterricht sitzend zu folgen. Sie entwickeln dann Lernblockaden wie Schreib-Lese- oder Rechen- und Konzentrationsschwächen. Wenn nun aber im Lernprozess der Bewegungsdrang dieser Kinder mit berücksichtigt und ein Lernen mit Bewegung ermöglicht wird, ist es erstaunlich, wie schnell sich die Lernblockaden lösen.

Auf Grund unserer Erfahrungen sind wir davon überzeugt, dass viele autistische Verhaltensweisen durch das Trainieren der sieben Sicherheiten transparenter werden. Die Verhaltensweisen können aufgeschlüsselt werden und stehen dann aus evolutionspädagogischer Sicht in einem größeren Zusammenhang: Man versteht auf diese Weise, weshalb sich ein Kind so und nicht anders verhalten kann. Positive Veränderungen werden möglich. Auch kleine Schritte sind ein großer Erfolg.

Die Kultur der sieben Kreise

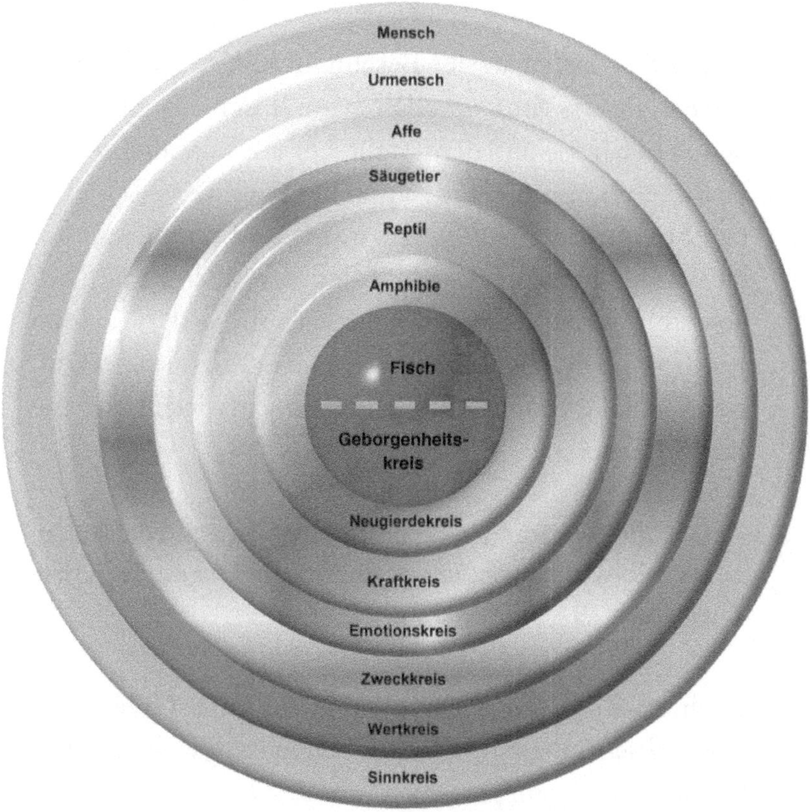

Diese Überblicksdarstellung zeigt noch einmal die evolutionär bedingten Entwicklungsstufen und die Kompetenz, die auf der jeweiligen Stufe erreicht werden kann. Die sieben Evolutionsstufen werden von jeweils einem großen Thema bestimmt, das jedes für sich für die menschliche Entwicklung von fundamentaler Bedeutung ist.

Die sieben Wahrnehmungsebenen

Wir haben bisher in der Beschreibung der Evolutionspädagogik ein Stufenmodell (vom Fisch bis hin zum heutigen Menschen) dargestellt. Unsere Verhaltens- und Wahrnehmungsmodelle führen uns über die verschiedenen Stufen von einem unbewussten und unreflektierten Niveau bis hin zu einem, auf dem wir über Ethik, Lebenssinn, Talente usw. nachdenken. Allerdings können wir dieses hohe menschliche Niveau nur dann erreichen, wenn wir alle Stufen kennen gelernt, entwickelt und integriert haben.

Das Ziel unserer Evolutionsreise ist es, die Fähigkeiten aller Entwicklungsstufen gleichzeitig und harmonisch miteinander zu verbinden.

In einem Bild ausgedrückt: Wenn wir unser Gehirn mit einem Instrument mit vielen Saiten vergleichen, dann können wir sagen, jede Saite unseres Instruments muss so gezupft werden, dass ein harmonisches Lied entstehen und erklingen kann. Unsere Kinder »zum Klingen« bringen ist Auftrag der Pädagogik.

Wenn wir die einzelnen Stufen unseres Evolutionsmodells verinnerlicht haben, können wir in ein Kaleidoskop schauen. Das, was vorher in Stufen dargestellt wurde, liegt plötzlich alles auf einer einzigen Ebene. Die Fähigkeiten einer jeden Entwicklungsstufe stehen dann gleichzeitig zur Verfügung, sie können situationsbezogen eingesetzt und so viele Talente gelebt werden. Die Summe ist also tatsächlich mehr als die Einzelteile. Dieses positive Ergebnis kommt durch konsequentes Einüben der Bandbreite in den einzelnen Entwicklungsstufen zustande (siehe Grafik Seite 136).

Das Kaleidoskop der Evolutionspädagogik: Kindliches Verhalten neu betrachten

Um die Gehirnentwicklungsstufen beschreiben zu können, haben wir sie einzeln betrachtet. Unser Gehirn als komplexes Organ benutzt die Stufen aber in rasender Geschwindigkeit – praktisch gleichzeitig.

Bei einer Blockade fehlt die Fähigkeit zur Gleichzeitigkeit.

Das Gehirn arbeitet im blockierten Zustand nicht gleichzeitig (integrativ), sondern Schritt für Schritt (differenziert).

Schauen wir auf alle Evo-Stufen gleichzeitig, entspricht dies einer Betrachtungsweise im Bild auf Seite 136 von der Stirnseite her (wie in einem Fernrohr). Man kann sich dann vorstellen, dass wir die Blockade »aufleuchten« sehen. Es ist also notwendig, das Kind als Gesamtheit durch dieses Fernrohr anzuschauen und herauszufinden, wo die Blockade liegt.

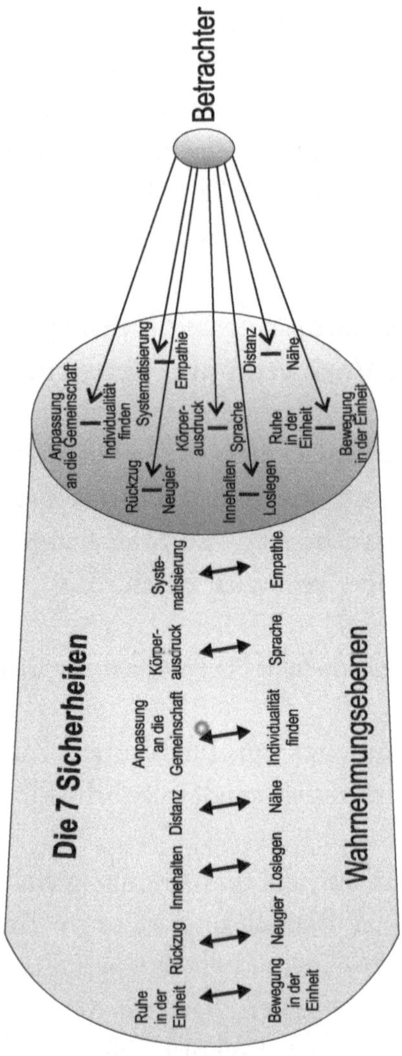

Sind alle sieben Sicherheiten integriert, stehen die Verhaltensbandbreiten aller Stufen zur Verfügung und können souverän und situationsangemessen eingesetzt werden.

Die Vorgehensweise, um Blockaden zu erkennen

Betrachten Sie die Wahrnehmungs- und Verhaltensmöglichkeiten der jeweiligen Evo-Stufen. Schauen Sie durch das Fernrohr und beobachten Sie das Kind.

Versuchen Sie nun herauszufinden, wo die Blockade sitzt beziehungsweise welche Sicherheit fehlt. Die Tabelle auf Seite 148/149 fasst die Stufen und die entsprechenden Verhaltensbandbreiten noch einmal zusammen. Unterstützen Sie das Kind bei der notwendigen Übung, um die fehlende Sicherheit nachzuholen.

Ein Beispiel soll die Vorgehensweise noch einmal verdeutlichen: Lisa hat große Angst, abends einzuschlafen, wenn die Mutter nicht zu Hause ist. Sobald Lisa weiß, dass die Mutter wieder in der Nähe ist, ist das Einschlafen kein Problem mehr. Diese Situation stellt eine Nähe-Distanz-Unsicherheit dar. In diesem Fall muss die Gefühlssicherheit des Mädchens stabilisiert werden. Das Wort »ängstlich« gibt uns hier den entscheidenden Hinweis. Über die Krabbelübung erfährt Lisa Flexibilität in ihrem Verhalten. Sie erfährt sich als »beweglich« und kann sich somit besser an Gegebenheiten und Situationen anpassen. Die Krabbelübung kann täglich durchgeführt werden. Oft wissen die Kinder von selbst, ab welchem Zeitpunkt sie die Übung nicht mehr brauchen.

Natürlich kann in diesem Fall auch das Partnerspiel trainiert werden, es obliegt der eigenen Entscheidung, welche Übung sich am besten durchführen lässt. Wenn die Verhaltensbandbreite eines Kindes auf zwei Stufen zu finden ist, entscheiden Sie sich für die Übungen der Stufe, auf der die Eigenschaften überwiegen.

Ein weiteres Beispiel aus unserer Beratungspraxis soll noch einmal vermitteln, wie wichtig es ist, eine Situation nicht nur aus einer Ebene, von einer Sichtweise aus zu betrachten:

Jonas benötigt bei der Durchführung seiner Hausaufgaben normalerweise die Mithilfe seiner Mutter. Nach den Ferien erledigt er seine Aufgaben völlig spontan selbstständig, ohne Hilfe. Die Mutter lobt ihn.

In der Schule stellt sich heraus, dass die Hausaufgaben unvollständig sind. Dem Jungen fehlt noch der Überblick: Er kann noch nicht alles, was von ihm verlangt wird, erfassen. Wenn es nun dem Pädagogen gelingt, die Situation von allen Stufen zu beleuchten, wird er erkennen, dass der noch fehlende Überblick ein Hinweis auf eine noch nicht stressfreie Gruppensicherheit ist. Er muss also die Eigenschaften aller sieben Stufen vor Augen haben, um angemessen reagieren zu können: Den Jungen für seine unvollständigen Hausaufgaben zu kritisieren, wäre für Jonas ein Frustrationserlebnis. Der erste Versuch, die Hausaufgaben allein zu machen, wäre somit fehlgeschlagen.

Es ist daher von großer Wichtigkeit, dass der Pädagoge erkennt, mit welchem Training dem Schüler geholfen werden kann. Die von uns beschriebene Kissenübung oder jegliche Form des Kletterns schult das Körpergleichgewicht und ermöglicht die Wahrnehmung im dreidimensionalen Raum. Jonas gewinnt an Überblick, die Gruppensicherheit wird stabilisiert und er kann es dann auch mit umfassenderen Aufgabenstellungen aufnehmen.

SCHLUSSWORT

DAS ERFAHRUNGSLERNEN

Verborgene Talente zur Entfaltung bringen

Für uns als Evolutionspädagogen bedeutet Erfahrungslernen: Vom »Ich denke, also bin ich« und vom »Ich fühle, also bin ich« zum »Ich erfahre, also bin ich« zu gelangen. Im »Erfahrungslernen« sehen wir eine reale Chance, verborgene Talente unserer Kinder zu entdecken und zur Entfaltung zu bringen.

Kinder lernen in der Kleinkind- und Kindheitsphase so viel wie später nie mehr – das wissen wir. Schon vor fast hundert Jahren beschrieb dies Maria Montessori, indem sie von den »sensiblen Phasen eines Kindes« und seinem »absorbierenden Geist« sprach. Erst seit einigen Jahren wird ihrer Pädagogik in der Öffentlichkeit vermehrt Beachtung geschenkt, und trotzdem sickern ihre profunden Erkenntnisse in den Kultusministerien verschiedener Bundesländer noch nicht durch: Dort werden noch immer Lehrpläne für Kindergärten entwickelt, die einseitig aufs Vermitteln eines vorgezogenen Schulwissens angelegt sind. Von der Stabilisierung und Entwicklung der sieben Sicherheiten, die wir in diesem Buch nahe gelegt haben, ist da keine Spur zu finden – obwohl genau dies notwendig wäre.

Es wird also immer noch nicht genügend beachtet, dass Kinder nicht wie Erwachsene lernen. In der Evolutionspädagogik zeigt sich jedoch deutlich, dass Kinder die Sprache des siebten Gehirns, d.h. die abstrakte Denkweise und die stete Frage nach dem Sinn und nach Logik, zum Lernen gar nicht brauchen. Sie gehen dabei noch nicht strukturiert vor. Ein Beispiel aus einem Kindergartenprojekt soll dies noch einmal verdeutlichen: Eine Kindergruppe besuchte mit ihrer Erzieherin eine Backstube. Sie waren begeistert beim Teigkneten dabei. Der Bäckermeister bemühte sich, den Kindern Schritt für Schritt das Vorgehen zu erklären und fragte die Kinder zum Schluss: »Und was schieben wir nun in den Ofen?« Und die Kinder riefen im Chor: »Die Hexe!« Den Kindern war das Märchen von Hänsel und Gretel wesentlich präsenter als die gut gemeinten und logisch aufgebauten Erklärungen des Erwachsenen über das Brotbacken.

Auch die folgende Begegnung spiegelt die Denkweise der Kinder: Ein Vater versuchte verzweifelt, seiner sechsjährigen Tochter die korrekten Bewegungen beim Schwimmen zu erklären. »Mach es wie ein Frosch«, rief er schließlich seiner Tochter im Becken zu, worauf das Mädchen antwortete: »Quak, quak!«

Logik und Folgerichtigkeit sind für Kinder beim Lernen nicht entscheidend. Ihr Lernen ist geprägt von Erfahrung durch Bewegung. Und will man ein effektives Vorschullernen gewährleisten, muss man die eigene Lernweise und Auffassungsgabe der Kinder verstehen lernen, dann erst kann man »Konzepte« für ein angemessenes frühkindliches Lernen erarbeiten – dann weiß man, wie man den Kindern die Welt so näher bringen kann, wie es ihnen gemäß ist.

Wenn wir Kindern und Jugendlichen nur aus dem Erwachsenengehirn etwas vermitteln wollen, sie also mit Wissen überhäufen, das ausschließlich den Neokortex anspricht, wie das die Neurologen ausdrücken, dann tragen wir dazu bei, dass das intellektuelle Wissen auf Sand gründet statt auf einem soliden Körper- und Gefühlssicherheitsfundament.

Kinder lernen durch Tun. Die Erkenntnisse und die Ergebnisse des Erfahrungslernens sind immer an die Praxis gebunden. Erfahrung kann letztlich nur durch Vorbild gelehrt und durch Nachahmung erworben werden. Die sinnliche Wahrnehmung der Erfahrung geschieht immer über das Körperempfinden.[18]

Erfahrungslernen am Beispiel Mathematik:

Thema des Mathematikunterrichts einer 7. Klasse war das Berechnen von Flächen. Einige Schüler hatten große Probleme, sich Flächenberechnung vorzustellen. Der Mathematiklehrer zeigte den Schülern den Eingangsweg zur Schule, auf dem einige Steinplatten kaputt waren. Er beschloss, mit den Jugendlichen diesen Weg neu herzurichten.

Jetzt wurden Flächen und Steine ausgemessen, Arbeitspläne erstellt, Aufgaben verteilt, Werkzeug besorgt und Material eingekauft. Eine ganze Schulklasse war unterwegs. Auch die Mädchen gingen mit Begeisterung an ihre Aufgaben. Flächenberechnung wurde nun ganz praktisch erfahren. Die Schüler hatten die großartige Gelegenheit, Textaufgaben aus dem Mathematikbuch in die Realität umzusetzen. Und dabei wurde nicht nur die Flächenberechnung erfahren. Auch Ursicherheit, Erlebnissicherheit, Körpersicherheit, Gefühlssicherheit und Gruppensicherheit konnten trainiert werden. Mit viel Stolz und Bewunderung anderer Klassen und Lehrer wurde dieses Projekt abgeschlossen. Ein Junge meinte sogar: »Ich werde Fliesenleger, das ist ganz klar.« Vielleicht wird aus dem Jungen auch einmal ein Architekt ...

Doch wie dies Beispiel zeigt: Nur über das Tun können wir unsere Fähigkeiten und die Welt um uns herum entdecken. Über die Erfahrung lernen wir Struktur, Richtung, Nähe, Ferne, Zentrum, Weite usw. – wir fangen an, uns in der Welt zu orientieren und zu positionieren. Und das ist kein leichtes Unterfangen: Es ist großer Mut erforderlich. Denn es läuft nicht immer alles reibungslos, oft erleiden wir Schiffbruch und müssen uns mit Widrigkeiten, Schwierigkeiten und Gegenkräften auseinander setzen. Auch ist die Konfrontation mit dem Neuen, dem Unbekannten, immer mit Angst verbunden, doch sie zu überwinden und sich zu trauen, unbegangene Pfade zu betreten, bedeutet – einen Schritt mit sich selbst und der Welt weitergekommen zu sein.

Die Sprache der Kinder verstehen

Die sieben Entwicklungsstufen der Evolutionspädagogik geben uns ein wertvolles Instrument an die Hand, um die Art und Weise, wie Kinder lernen, besser zu verstehen – das ist genau der Ansatz, den auch der Neurowissenschaftler Wolf Singer (Max-Planck-Institut für Hirnforschung in Frankfurt a.M.) fordert: »Mangels genauer Kenntnis, wann das Gehirn welche Informationen braucht, ist wohl die beste Strategie, sorgfältig zu beobachten, wonach die Kinder fragen.«[19]

Kompetenz wird leider in unserem Bildungssystem immer noch einseitig mit intellektuellem Wissen verbunden. Der Wert des Lernens über konkrete Erfahrungen wird noch immer nicht genügend beachtet, ja manchmal sogar geringgeschätzt. Deutlich wird dies auf einer Internetseite des Bundeswissenschaftsministeriums. Dort steht: »Kolumbus brauchte drei Jahre, um Amerika zu entdecken, heute reicht ein Klick im Internet.«

Auch lernt man die Sprache der Kinder nicht besser, indem man in fachpädagogischen Diskussionen darüber diskutiert, ob es nicht angebracht wäre, die Ausbildung der ErzieherInnen an die Universitäten zu verlegen: Wer Kinder verstehen und fördern will, muss sich nicht an die Universitäten wenden, sondern an die Kinder selbst und sie dort abholen, wo sie stehen. Verstehen können wir Kinder nur, wenn wir die Kräfte und Fähigkeiten, die in uns Menschen stecken, nicht einseitig nach »brauchbar« und »unbrauchbar« bewerten. Deshalb lautet der Leitsatz der Evolutionspädagogik: Beobachten statt bewerten. Sie ruft dazu auf, Verhaltensweisen innerhalb ihrer Bandbreite zu begreifen, die jeweiligen kindlichen Stärken und Fähigkeiten zu erkennen und sie zu fördern und einzuüben.

Hinter dem Horizont geht es weiter ...

Durch das Training der sieben Sicherheiten entsteht der Zugang zu allen Fähigkeiten der Stufen und dadurch Kompetenz. Kompetenz heißt »zuständig sein«, etwas nicht nur gesehen und gehört, sondern auch erlebt, erfahren und ausprobiert zu haben. Erfahrungslernen ist daher das zentrale Element der Evolutionspädagogik.

So wie sich unsere Erfahrungen stets verändern und ausweiten, so muss Lernen ein sich ständig verändernder und niemals endender Prozess sein. Wichtig ist dabei: offen zu bleiben.

Diese Offenheit entsteht freiwillig durch Wissensdurst, Lernfreude, Verträglichkeit, Hilfsbereitschaft, Verantwortlichkeit und Selbstständigkeit.

Das Ziel dieser Pädagogik ist es, die Vielfalt von Talenten zu fördern. Standardisierte Prüfungen und die Frage, wer der Beste oder Klügste ist, verlieren somit ihre Bedeutung. Wir Erwachsene haben nicht das Recht, Schwächere auszugrenzen.

Konsequenz, Verständnis und Liebe sind die drei Zauberwörter unserer pädagogische Ausrichtung, unserer pädagogischen Einsichten und Vorgehensweisen. Wenn sowohl sie als auch die sieben Sicherheiten beachtet werden, kann Erziehung und Schule gelingen – das ist unsere Erfahrung.

Hast du einmal die Sicht, wirst du,
obwohl die verblendeten Wahrnehmungen
in deinem Geist erscheinen mögen,
wie der Himmel sein:
Wenn ein Regenbogen erscheint,
ist er nicht sonderlich geschmeichelt,
und wenn Wolken auftauchen,
ist er nicht besonders enttäuscht.
Es herrscht ein tiefes Gefühl der Zufriedenheit.
Du lächelst innerlich, da du die Fassaden erkennst.
Die Sicht wird dich erheitern und dieses kleine Lächeln
wird stetig von tief innen hervorperlen.

Dilgo Khyentse Rinpoche

Die Verhaltensbandbreiten der Stufen

Vom Urvertrauen zum Selbstvertrauen: Um kindliches Verhalten

Urvertrauen →			
1. Ursicherheit	**2. Erlebnis-sicherheit**	**3. Körper-sicherheit**	**4. Gefühls-sicherheit**
Ruhe in der Einheit	*Rückzug*	*Innehalten*	*Distanz*
sich treiben lassen	sich verstecken	bewegungslos	scheu
rudern und paddeln	vorsichtig	ruhig	ängstlich
gegen den Strom schwimmen	erkunden	gemächlich	zurückhaltend
sich in Sicherheit wiegen	ausprobieren	träge	beobachtend
»alles ist okay«	risikofreudig	langsam	erfahren
Vertrauen in die Welt	Gefahren nicht abschätzen können	aufmerksam	planen
		angespannt	sich bewegen
		reagieren	beschleunigen
		agieren	aggressiv
		zubeißen	unverträglich sein
		überdrehen	
Bewegung in der Einheit	*Neugier*	*Loslegen*	*Nähe*

zu verstehen, hilft die Frage: Welche Sicherheit fehlt?

→ Selbstvertrauen		
5. Gruppensicherheit	**6. Sprachsicherheit**	**7. Kooperations- u. Kommunikationssicherheit**
Anpassung an die Gemeinschaft	*Körperausdruck*	*Systematisierung*
unterwürfig	sich ducken	selbstbezogen
angepasst	schleichen	selbstgefällig
sich einschmeicheln	sich in Position bringen	eigenbrötlerisch
gleichgültig	sich bemerkbar machen	wissensdurstig
nach Chancen und Möglichkeiten suchen	sprachlich Einfluss nehmen	überheblich
Überblick haben	furchterregend sein	kreativ
zum Spiel auffordern	vorausschreiten	Verständnis für Gedanken und Gefühle anderer
zweckgerichtetes Handeln	anführen	überfürsorglich handeln
zielgerichtetes Handeln		selbstüberfordernd sein
Stimmung machen		übersteigertes Verantwortungsbewusstsein
herrschen		
Individualität finden	*Sprache*	*Empathie*

Das Training der Sicherheiten auf einen Blick

	Bewegung und Spiel	Sprache
Ursicherheit Kinder erleben Geborgenheit	**Evo-Wiege** ● Das Kind liegt auf dem Bauch im Wasser. Man schiebt die Arme unter die Brust und den Bauch des Kindes. Sanft wird es nun im Wasser gewiegt. ● Paddeln mit einem Schwimmbrett. Das Kind legt sich mit dem Bauch darauf und lässt sich im Wasser treiben oder paddelt mit Armen und Beinen. ● Das Kind wird in einem Tuch gewiegt und geschaukelt.	Sprachlich können wir das Kind im Spiel und anderswo so unterstützen: ● »Lass dich treiben, wieg dich in Sicherheit, getrau dich zu paddeln, alles ist okay, hab Vertrauen.«
Erlebnissicherheit Kinder erleben Neugier	**Evo-Schildkröte** ● Die Evo-Schildkröte im Sitzen kann überall durchgeführt werden: Der Hals wird ganz lang gestreckt und wieder eingezogen. **Evo-Schneck** ● Kriechen durch den Stoffreifentunnel: Aufgabe ist es, durch einen Stoffreifentunnel zu kriechen, den Kopf zur Öffnung herauszustrecken und sich dann wieder zu verstecken.	Sprachlich können wir das Kind im Spiel und anderswo so unterstützen: ● »Versteck dich ... und jetzt sei wieder neugierig.«

	Bewegung und Spiel	Sprache
Körper-sicherheit Kinder erleben Kraft	**Evo-Schnappi** ● Das Brettspiel »Fang die Maus« oder ● das Papierschnappspiel schulen das Reaktionsvermögen Ein zwischen Daumen und Zeigefinger gehaltenes Blatt Papier wird plötzlich losgelassen und soll vom anderen Spieler mit Daumen und Zeigefinger aufgefangen werden.	Sprachlich können wir das Kind im Spiel und anderswo so unterstützen: ● »Sei ganz ruhig ... und jetzt leg los.«
Gefühls-sicherheit Kinder erleben Emotionen	**Evo-Klapp** ● Das Partnerspiel für Nähe und Distanz Einer der beiden Spieler streckt die Arme lang aus und bewegt sie im gleichmäßigen Rhythmus auf Brusthöhe auseinander und wieder zusammen. Der Partner ist etwa fünf Schritte entfernt, geht auf sein Gegenüber zu und versucht nun mit der einmal gewählten Geschwindigkeit, gleichmäßig in die geöffneten Arme hineinzulaufen.	Sprachlich können wir das Kind im Spiel und anderswo so unterstützen: ● »Komm ganz nah her – und jetzt geh wieder zurück.«
Gruppen-sicherheit Kinder erleben Ziel- und Zweck-gerichtetheit	**Evo-Balance** ● Das Spiel mit dem Kissen Mit kleinen Schritten, einen Fuß vor den anderen setzend, soll auf einem dicken Kissen am Rand entlang von einer Ecke zur anderen balanciert werden.	● Sprachlich können wir das Kind so unterstützen: »Beschäftige dich mit dir selbst« oder »Spiele mit den anderen«.

	Bewegung und Spiel	Sprache
	Die Augen sind dabei nach vorne gerichtet. Die Arme können seitlich ausgestreckt werden, um dass Gleichgewicht zu halten.	
Sprachsicherheit Kinder erleben Werte	**Evo-Klang** ● Die eigene Stimme zum Klingen bringen; den Rhythmus von Naturgeräuschen wiedergeben **Die Labyrinthreise** ● Das »Labyrinthlaufen« ● Malen mit dem Labyrinth ● Mit einer Frage das Labyrinth begehen	Sprachlich können wir das Kind im Spiel und anderswo so unterstützen: ● »Geh geduckt – und jetzt richte dich ganz auf.«
Kommunikations- und Kooperationssicherheit Kinder erleben Sinnfindung	Auf der siebten Stufe können alle Übungen über **den Evo-Trainer®** integriert werden. Der Evo-Trainer[20] ist ein von uns entwickeltes evolutionspädagogisches Trainingsgerät, das das dreidimensionale Gleichgewicht, Standsicherheit, Beweglichkeit und Rhythmus, Fliehkraft, Schwerkraft und Zentrifugalkraft gleichermaßen stabilisiert. Anstatt über den Evo-Trainer können die Stufen auch über das Einüben aller vorausgehenden Spiele integriert werden. Hochkomplexe Bewegungs- und Rhythmusabfolgen, wie sie etwa in Musicals oder im Zirkus zu sehen sind, entsprechen einem solchen Training.	Sprachlich können wir das Kind so unterstützen: ● »Komm in deine Mitte.« ● »Sorge für dich« oder »Übernehme Verantwortung für andere«.

Anmerkungen

1 Erstmalig dargestellt in L. Koneberg, S. Gramer-Rottler: *Das bewegte Gehirn* (siehe Literaturhinweise am Ende des Buches)
2 Vgl. M. Montessori: *Die sensiblen Phasen eines Kindes*
3 Literatur hierzu: Zeitschrift *Hebammenforum* Nov. 2003
4 G. Hüther, H. Bonney: *Neues vom Zappelphilipp*
5 Siehe G. Hüther, H. Bonney: *Neues vom Zappelphilipp*, S. 12
6 L. Koneberg, S. Gramer-Rottler: *Das bewegte Gehirn.* Hier werden für jede der sieben Evolutionsstufen die sog. Evo-Körperübungen beschrieben, die die Grundbewegungen der jeweiligen Stufe spielerisch einüben und festigen (wie ein Fisch rollen, wie eine Amphibie mit dem Bauch am Boden vorwärtsrobben, wie ein Reptil mit dem Bauch am Boden kriechen, wie ein Säugetier auf allen Vieren laufen, wie ein Affe springen, sich wie ein Urmensch aufrichten und die Sprache entdecken und schließlich in der Menschenstufe souverän mit Sprache und Werkzeugen umgehen).
7 J.J. Ratey: *Das menschliche Gehirn*, S. 127
8 J.J. Ratey: *Das menschliche Gehirn*, S. 339
9 Vgl. J.J. Ratey: *Das menschliche Gehirn*, S. 303
10 Vgl. J.J. Ratey: *Das menschliche Gehirn*, S. 331
11 Vgl. G. Candolini: *Die Faszination der Labyrinthe*
12 Siehe L. Koneberg: *Wir alle brauchen Initiation*, S. 9–15
13 S. Baron-Cohen: *Vom ersten Tag an anders*, S. 61
14 S. Baron-Cohen: *Vom ersten Tag an anders*, S. 58
15 Vgl. S. Baron-Cohen: *Vom ersten Tag an anders*, S. 60 ff.
16 Vgl. M. Montessori: *Kinder sind anders*
17 Vgl. hierzu: S. Baron-Cohen: *Vom ersten Tag an anders*, S. 245

18 Vgl. hierzu A. Damasio: *Ich fühle, also bin ich*

19 Aus einem Vortrag anlässlich des ersten Werkstattgesprächs der Initiative »McKinsey bildet« am 12. Juni 2001 in der Deutschen Bibliothek, Frankfurt/Main.

20 Zu beziehen ist das Gerät über das Institut für Praktische Pädagogik www.institut-pp.com.

Literaturverzeichnis

Baron-Cohen, Simon: *Vom ersten Tag an anders. Das weibliche und das männliche Gehirn.* Heyne, München 2006

Bauer, Joachim: *Das Gedächtnis des Körpers. Wie Beziehungen und Lebensstile unsere Gene steuern.* Piper, München 2006

Bauer, Joachim: *Warum ich fühle, was du fühlst. Intuitive Kommunikation und das Geheimnis der Spiegelneurone.* Heyne, München 2006

Bischof-Köhler, Doris: *Von Natur aus anders. Die Psychologie der Geschlechtsunterschiede.* Kohlhammer, Stuttgart 2006

Candolini, Gernot: *Die Faszination der Labyrinthe. Ein Praxisbuch.* Kösel, München 2004

Damasio, Antonio: *Ich fühle, also bin ich. Die Entschlüsselung des Bewusstseins.* Ullstein, Berlin 2002

Hüther, Gerald: *Bedienungsanleitung für ein menschliches Gehirn.* Vandenhoeck & Ruprecht, Göttingen 2005

Hüther, Gerald/Bonney, Helmut: *Neues vom Zappelphilipp. ADS – Ritalin ist keine Lösung.* Walter, Düsseldorf 2002

Koneberg, Ludwig: *Wir alle brauchen Initiation.* Schnitzer, Marktoberdorf 2000

Koneberg, Ludwig/Förder, Gabriele: *Kinesiologie für Kinder. Lernblockaden abbauen, Fähigkeiten fördern.* Gräfe und Unzer, München 2005

Koneberg, Ludwig/Gramer-Rottler, Silke: *Das bewegte Gehirn. 7 Körperübungen für clevere Kinder.* Kösel, München 2005

Montessori, Maria: *Kinder sind anders.* dtv, München 1997

Prekop, Jirina/Hüther, Gerald: *Auf Schatzsuche bei unseren Kindern. Ein Entdeckungsbuch für neugierige Eltern und Erzieher.* Kösel, München 2006

Ratey, John J.: *Das menschliche Gehirn. Eine Gebrauchsanweisung.* Piper, München 2003

Roberts, Monty: *Die Sprache der Pferde. Die Monty-Ro-*

berts-Methode des JOIN-UP. Lübbe, Bergisch-Gladbach 2005

Rose, Michael R.: *Darwins Schatten. Von Forschern, Finken und dem Bild der Welt*. DVA, München 2001

Teilhard De Chardin, Pierre: *Die Entstehung des Menschen*. C.H. Beck, München 1997

Schacter, Daniel L.: *Wir sind Erinnerung. Gedächtnis und Persönlichkeit*. Rowohlt, Reinbek 2001

Informationen über Weiterbildungen in Evolutionspädagogik und Adressen von Lernberatern PP, die nach der Methode der Evolutionspädagogik arbeiten, können Sie erfragen über

Silke Gramer-Rottler
Morellstrasse 5
CH- 8280 Kreuzlingen
www.talentfinder.info
praxis@evolutions-paedagogik.ch